AF547725

GRöLS
Verlage

„Bücher sind wie Fallschirme. Sie nützen uns nichts, wenn wir sie nicht öffnen."

Gröls Verlag

Redaktionelle Hinweise und Impressum

Das vorliegende Werk wurde zugunsten der Authentizität sehr zurückhaltend bearbeitet. So wurden etwa ursprüngliche Rechtschreibfehler regelmäßig *nicht* behoben, denn kleine Unvollkommenheiten machen das Buch – wie im Übrigen den Menschen – erst authentisch. Mitunter wurden jedoch zum Beispiel Absätze behutsam neu getrennt, um den Lesefluss zu erleichtern.

Um die Texte zu rekonstruieren, werden antiquarische Bücher von Lesegeräten gescannt und dann durch eine Software lesbar gemacht. Der so entstandene Text wird von Menschen gegengelesen und korrigiert – hierbei treten auch Fehler auf. Wenn Sie ebenfalls antiquarische Texte einreichen möchten, finden Sie weitere Informationen auf www.groels.de

Viel Freude bei der Lektüre wünscht Ihnen das Team des Gröls-Verlags.

Adressen

Verleger: Hermann-Josef Gröls,

Im Borngrund 26, 61440 Oberursel

Externer Dienstleister für Distribution & Herstellung:

BoD, In de Tarpen 42, 22848 Norderstedt

Unsere „Edition | Werke der Weltliteratur“ hat den Anspruch, eine der größten und vollständigsten Sammlungen klassischer Literatur in deutscher Sprache zu werden. Nach und nach versammeln wir hier nicht nur die „üblichen Verdächtigen“ von Goethe bis Schiller, sondern auch Kleinode der vergangenen Jahrhunderte, die – zu Unrecht – drohen, in Vergessenheit zu geraten. Wir kultivieren und kuratieren damit einen der wertvollsten Bereiche der abendländischen Kultur. Kleine Auswahl:

Francis Bacon • Neues Organon • **Balzac** • Glanz und Elend der Kurtisanen • **Joachim H. Campe** • Robinson der Jüngere • **Dante Alighieri** • Die Göttliche Komödie • **Daniel Defoe** • Robinson Crusoe • **Charles Dickens** • Oliver Twist • **Denis Diderot** • Jacques der Fatalist • **Fjodor Dostojewski** • Schuld und Sühne • **Arthur Conan Doyle** • Der Hund von Baskerville • **Marie von Ebner-Eschenbach** • Das Gemeindekind • **Elisabeth von Österreich** • Das Poetische Tagebuch • **Friedrich Engels** • Die Lage der arbeitenden Klasse • **Ludwig Feuerbach** • Das Wesen des Christentums • **Johann G. Fichte** • Reden an die deutsche Nation • **Fitzgerald** • Zärtlich ist die Nacht • **Flaubert** • Madame Bovary • **Gorch Fock** • Seefahrt ist not! • **Theodor Fontane** • Effi Briest • **Robert Musil** • Über die Dummheit • **Edgar Wallace** • Der Frosch mit der Maske • **Jakob Wassermann** • Der Fall Maurizius • **Oscar Wilde** • Das Bildnis des Dorian Grey • **Émile Zola** • Germinal • **Stefan Zweig** • Schachnovelle • **Hugo von Hofmannsthal** • Der Tor und der Tod • **Anton Tschechow** • Ein Heiratsantrag • **Arthur Schnitzler** • Reigen • **Friedrich Schiller** • Kabale und Liebe • **Nicolo Machiavelli** • Der Fürst • **Gotthold E. Lessing** • Nathan der Weise • **Augustinus** • Die Bekenntnisse des heiligen Augustinus • **Marcus Aurelius** • Selbstbetrachtungen • **Charles Baudelaire** • Die Blumen des Bösen • **Harriett Stowe** • Onkel Toms Hütte • **Walter Benjamin** • Deutsche Menschen • **Hugo Bettauer** • Die Stadt ohne Juden • **Lewis Caroll** • *und viele mehr….*

Die Märchenwiese

Märchen, Geschichten und Gedichte

Elisabeth Dauthendey

Inhalt

Die beiden Junker

Auf einer alten verfallenen Burg lebten einst zwei sehr verschiedene Brüder. Einer hieß Heute, der andre hieß Morgen.

Junker Morgen war ein sehr langweiliger Geselle und hatte die schlechte Gewohnheit, alles zu verschieben, so daß er zu nichts kam.

Junker Heute dagegen war rasch in seinen Handlungen, frisch und munter, und nur manchmal etwas zu wild und drauflos.

Ihre Eltern waren tot und hatten ihnen keine Güter weiter hinterlassen als das alte baufällige Schloß. Damit konnten sie nun nicht viel anfangen. Und da sie jung waren und gern glücklich und in Freuden gelebt hätten, beschlossen sie, in die große weite Welt zu ziehen und ihr Glück zu suchen. Und da es zu jener Zeit noch alle guten Geister gab, die den Menschen, wenn sie es richtig anfaßten, gern zum Glückfinden halfen, wollten sie ihren Weg dahin nehmen, wo von alters her die guten Geister am liebsten wohnten, und das ist der tiefe, dunkle, grüne Wald. Auch die bösen Geister treiben dort ihr Wesen. Aber mit ***denen*** wollten sie schon fertig werden, denn sie waren jung und stark und hatten also guten Mut.

Beide zugleich aber wollten sie die alte Burg nicht verlassen, denn wenn sie auch alt und verfallen war, liebten sie doch dieses Plätzchen auf Erden, wo sie Kinder gewesen und solange mit ihren guten Eltern trotz Armut und Sorgen glücklich und fröhlich gewesen waren.

"Geh du zuerst," sagte Junker Heute zu seinem Bruder, "du bist der Jüngste, und ich habe es dem Vater auf dem Sterbebette versprochen, dich zuerst dein Glück versuchen zu lassen."

So zog denn Junker Morgen an einem hellen Sommertage hinaus in den geheimnisvollen Wald, der viele Tagereisen lang sich in die Welt hinaus erstreckte. Es war so schön im Walde. Still und schattig. Und die Erde so warm und voller Blumen. Die Büsche und Bäume hingen voll von Früchten und Beeren, und im grünen, weichen Moose ruhte sich's behaglich, und der murmelnde Quell gab schönes kühles Wasser. Das gefiel dem Junker sehr gut, und er bummelte vergnügt viele, viele Tage im warmen sommerlichen Walde umher.

Ein kleines goldbraunes Vöglein flog immer mit ihm, es setzte sich auf einen Ast neben ihn und zwitscherte leise: "Glück – Glück".

Junker Morgen lachte und sagte: "Glück – ja, das will ich mir schon suchen; aber morgen ist auch noch Zeit, es ist zu schön hier." Und er aß von den saftigen Früchten und trank aus dem klaren Quell, schlief auf dem weichen Mooslager und freute sich an den vielen bunten Blumen, von denen jede ihm ein andres neues Geschichtchen zu erzählen wußte.

So ging er immer tiefer in den Wald, viele, viele lange Tage. Das Vöglein sang immer lauter: "Glück – Glück," aber der Junker antwortete immer wieder: "Morgen, morgen," und vergaß ganz und gar, weshalb er von Hause fortgegangen und in diesen Wald gekommen war.

Aber plötzlich wurde alles ganz anders um ihn her. Die Beeren fielen von den Sträuchern und verdarben am Boden. Die Bäume wurden dunkelrot und leuchtend gelb, das Moos an der Erde feucht und kalt, und die Blumen starben. Da wurde dem Junker schauerlich und einsam zumute, und er sah sich nach dem kleinen Vogel um, dessen Stimme er schon lange nicht mehr gehört hatte.

Der aber saß auf einem Aste und zwitscherte ganz laut: "Glück – Glück – komm – komm."

"Ja, ja, ich komme," sagte Junker Morgen. Da flog das Vöglein hoch in die Luft und sang ein lustiges Lied.

Junker Morgen wanderte weiter über Berg und Tal. Bald war er hungrig und müde, denn im Walde fand er nun keine Nahrung mehr, und in den kalten Nächten konnte er nicht mehr im Freien schlafen wie bisher, und so wanderte er denn Tag und Nacht weiter. Endlich, als er fast nicht mehr weiter konnte vor Hunger, Durst und Müdigkeit, sah er am Ausgang des Waldes ein großes, weißes Schloß mit goldenen Toren leuchten.

Die Abendsonne blitzte so hell in den kristallenen Fenstern und auf den goldenen Säulen, daß er die Augen schließen mußte vor all der funkelnden Pracht. Er setzte sich in den Schatten eines Baumes und freute sich, endlich etwas andres als Bäume und Gras und Blumen zu sehen und nun die Hoffnung zu haben, in dem reichen stolzen Schlosse gute Speise und ein weiches Nachtlager zu finden. Er war so müde, daß er fast einschlief, aber der Hunger jagte ihn weiter.

Als er dann an das goldene Tor des Schlosses kam, öffnete sich dieses weit vor ihm, und er ging verwundert über die mit goldenen Steinen gepflasterten Wege durch große, weite Hallen mit bunten Marmorsäulen. Dann kam er an einen Garten, so wunderschön, wie er noch nie einen gesehen hatte. Die Bäume und Blumen, der blaue See mit den weißen Schwänen funkelten wie lauter Edelsteine.

Aber alles schien tot, und nichts bewegte sich. Er griff nach den goldroten Früchten und freute sich, endlich etwas Gutes für seinen hungrigen Magen zu finden. Aber die schönen Früchte waren hart wie Stein und kalt wie Eis, und er konnte sie nicht vom Baume brechen, so fest waren sie angewachsen. Und als er aus dem blauen See Wasser schöpfen wollte, war auch das hart und fest wie Stein.

Da seufzte Junker Morgen laut auf. Und da stand plötzlich ein alter Mann mit eisgrauem Barte neben ihm, der rührte an seinen Arm und winkte, ihm zu folgen. Beide schritten sie schweigend zusammen durch viele große herrliche Zimmer voll Pracht und Reichtum. Endlich blieb der Alte vor einer Tür stehen, öffnete sie mit einem goldenen Schlüssel, und sie traten in ein wunderschönes Frauengemach, Da schlief auf purpurroten Polstern ein liebliches Königskind. Junker Morgen war ganz entzückt und konnte seine Augen gar nicht abwenden.

"Sie ist schön, nicht wahr?" sagte da der alte Schloßwart. "Und siehe, sie soll dein Weib sein, und das ganze herrliche Schloß soll dir dazu gehören, wenn du ***heute*** um Mitternacht hier bist und ihren Zauber löst, indem du sie bei dem zwölften Schlage der Turmuhr auf den Mund küßt."

"Weiter nichts?" sagte Junker Morgen erstaunt.

"Die Aufgabe ist leicht, erfülle sie nur," sagte der Alte ernst. Dann gab er ihm den goldenen Schlüssel zur Tür und führte ihn an den Eingang zurück. " ***Heute*** mit dem zwölften Schlage!" sagte der Alte.

"Ja, ja," rief lachend der Junker und trat hinaus. Ah, wenn das alles hier erst ***sein*** wäre, herrlich und in Freuden wollte er dann leben; da würde wohl der ganze Zauber vom Schlosse abfallen, wenn er die Prinzessin erlöst hätte, und all die köstlichen Früchte könnte man genießen, und die Schwäne auf dem See würden wieder schwimmen.

Da fühlte er wieder seinen Durst und Hunger und fing an zu denken, wo er wohl für die langen Stunden bis Mitternacht eine gute Mahlzeit finden könnte. Und wie er seine Augen so umherschweifen ließ, sah er aus einer kleinen Hütte am Rande des Waldes eine feine, dünne blaue Rauchwolke aufsteigen. Voll Freude lief er auf die Hütte zu. Leise schlich er heran und schaute durchs Fenster.

Da saß ein altes häßliches Weib auf einem Schemel. Sie hatte einen großen schwarzen Kater auf dem Schoß und streichelte ihn. Aber obgleich es aussah, als ob sie ihn mit zärtlichen Händen streichle, fauchte und krümmte sich der Kater, und als sie ihn endlich los ließ, sprang er mit einem Satz zum Fenster hinaus und dem Junker gerade an die Brust.

Die Alte lachte laut auf: "Hei, Kater Schwachkopf, deine erste Heldentat! – Und was ist Euer Begehr?" fragte sie den Junker.

"Ich bin hungrig und müde und möchte mich bei Euch etwas ausruhen und laben – ich werde es Euch reichlich lohnen, freilich erst morgen – morgen bin ich der reichste Mann im Lande."

"Morgen," sagte die Alte, "es wäre mir lieber, Ihr wäret es heute schon – aber kommt nur herein und esset meine Suppe mit mir."

Die Suppe schmeckte ihm köstlich. Und erst als Junker Morgen ganz satt war, sah er sich in dem verfallenen Hüttchen um. Es war ganz schwarz voll Rauch, und merkwürdige Geräte hingen an den Wänden, und viele Schüsseln und Salbtöpfe standen auf dem Herde und auf vielen Brettern an den Wänden entlang. Die Alte kauerte am Boden und murmelte leise unverständliche Worte in ein Gehäuse von Holz hinein, in dem eine Menge schneeweißer Mäuse unruhig hin und her liefen.

"Nun bin ich satt und müde und will schlafen." sagte der Junker, "aber weckt mich zur rechten Zeit, um Mitternacht habe ich ein wichtiges Geschäft vor – wenn das vollendet ist, soll's Euer Schade nicht sein, mich so barmherzig aufgenommen zu haben."

"So, so – und gar geheimnisvoll seid Ihr – na, wollen sehen – wecken will ich Euch schon."

Junker Morgen fühlte noch einmal nach dem goldenen Schlüssel in seiner Tasche, und dann schlief er fest ein.

Ihm war, als habe er nur ***eben*** erst die Augen zugemacht, als er sich derb geschüttelt fühlte. Die Alte stand am Bett und lachte ihn mit ihren bösen Augen an.

"Auf, auf", sagte sie, "es ist gleich Mitternacht, und Ihr hattet doch solch eine wichtige Sache auszuführen. Auf, auf!"

"Ach," sagte Junker Morgen, "ich bin so müde, lasset mich doch schlafen'"

"Aber Euer Glück und all das Gold, das Ihr mir verspracht – – –"

"Glück – Gold", brummte der Junker schlaftrunken, " ***morgen*** ist auch noch ein Tag!"

"Hört, es schlägt vom Turm – eins – zwei. Was wolltet Ihr denn tun, erinnert Euch doch!"

"Ja, es war etwas mit einer schönen Frau."

"Schöne Frauen warten nicht gern, es ist der fünfte Schlag!"

Aber Junker Morgen drehte sich faul herum und brummte: "Laßt mich heute noch schlafen – morgen, morgen ist auch noch Zeit."

Als er dann am andern Tage erwachte, glaubte er, alles geträumt zu haben. Er stürzte an das Fenster, aber kein Schloß war mehr zu sehen, er suchte nach dem Schlüssel, aber auch der war fort. Doch als die häßliche Alte hereinkam, fiel ihm alles wieder ein und auch, daß er sein Versprechen, sie für ihre Gastfreundschaft zu bezahlen, nun nicht mehr halten konnte; und er wollte sich leise hinausschleichen aus der Hütte. Aber die Alte merkte seine Absicht, sprang ihm nach und hielt ihn am Kragen fest: "Hollah – dageblieben – hier wird bezahlt; wenn der faule Herr kein Gold hat, dann muß er mir eben anders dienen!" Und sie packte den Junker mit beiden Händen und schüttelte ihn furchtbar und sprach allerlei wirre Worte dazu. Da fühlte er, daß er unter ihren Händen immer kleiner wurde, und als er schreien und um Hilfe rufen wollte, konnte er nur noch fauchen und knurren wie ein Kater.

"Ha, schöner schwarzer Herr," sagte boshaft die Alte, "nun will ich Euch die Faulheit austreiben, marsch, an die Arbeit – fort, auf die Mäusejagd – he, Kater Schwachkopf, herbei, zeige dem Gesellen, was er zu tun hat – fort, und daß ihr mir jeder mindestens drei Mäuslein mit heimbringt – schneeweiß, ohne Flecken und fein lebendig – hört ihr?" – und sie gab jedem noch einen derben Fußtritt, als sie ihnen die Türe öffnete.

Während alles dieses geschah, saß Junker Heute auf dem Schlosse und wartete auf die Rückkehr seine Bruders. Als der Sommer ins Land gegangen war und auch fast schon der Herbst zu Ende war, wurde ihm das Herz schwer, denn er glaubte, sein Bruder sei in einer Gefahr umgekommen. Nun machte er sich denn selbst auf den Weg nach dem Glück und hoffte, dabei vielleicht etwas von dem Schicksale seines lieben Bruders zu erfahren.

Er hielt sich nicht lange auf im Walde. Rasch und ungeduldig, wie er war, achtete er nicht auf Weg und Blumen und Quell, sondern eilte weiter und weiter, immerfort aus das Abenteuer wartend, das ihm das Glück bringen würde.

Auch mit ihm flog das goldbraune Vöglein und sang: "Glück – Glück"; und Junker Heute nickte ihm zu und sagte: "Ich weiß – ich weiß!"

Aber er eilte so schnell vorwärts, daß ihm das kleine Vöglein kaum folgen konnte, und es sang: "Bleib – Bleib!"

Doch Junker Heute lachte und rief: "Nein, Kamerad, zum Bleiben ist keine Zeit!" und stürmte weiter.

So kam er denn schon nach wenig Tagereisen da an, wohin sein Bruder Monate gebraucht hatte. Auch er kam an der schwarzen verfallenen Hütte vorüber.

Es war ein warmer Herbstabend, und die Alte saß im Sonnenschein und hatte die beiden schwarzen Kater auf dem Schoße. Als Junker Heute näher kam, schoß der eine auf ihn los und schmiegte sich an seine Füße und fauchte und miaute und geberdete sich wie toll.

"Nun, Kater Faulpelz, was ist denn los?" rief die Alte. Junker Heute beugte sich zum Kater und streichelte ihm freundlich das blanke, kohlschwarze Fell.

"Wollt Ihr nicht eintreten und eine Labung zu Euch nehmen?" sagte die Alte, den Junker mit einem bösen Lachen ansehend.

"Danke, danke – bin sehr in Eile," antwortete Junker Heute.

"Sehr in Eile? Eile braucht Weile, bleibt und esset und ruhet Euch!"

"Nein, es geht nicht," sagte der Junker und machte sich wieder auf den Weg. Der Kater wollte mit ihm laufen, aber da rief ihn die Alte mit einer scharfen, bösen Stimme, und da duckte sich der Kater zusammen und kroch zu ihr zurück.

Junker Heute kam nun auch an das Schloß, das funkelnd im Abendsonnenscheine lag, und da wußte er, daß er am Ziele seiner Reise angelangt sein müsse. In diesem Schlosse mußte er sein Glück finden, und atemlos ging er zum Tore, das sich plötzlich auch vor ihm weit öffnete.

"Glück – Glück – wart' – wart'!" sang das Vöglein.

"Warten?" rief der Junker, "das mußt du einem andern sagen – ich warte nicht." Und hinein stürzte er in das Schloß, lief durch die Gänge und Höfe und den schönen Garten – sah nichts von all dem Schönen –, ohne Ruh' und Rast lief er, bis auch zu ihm der alte Mann mit dem langen Barte kam und ihn an die goldene Tür führte.

Junker Heute zitterte vor Ungeduld, und als er das schöne, wundersame Königskind auf dem purpurnen Lager sah, fiel er vor Entzücken auf die Knie und breitete die Arme nach ihm aus.

"Sie ist schön – nicht wahr?" sagte der Alte. "Und siehe, sie soll dein Weib sein, und das ganze herrliche Schloß soll dir dazu gehören, wenn du ***morgen*** um Mitternacht hier bist und ihren Zauber löst, indem du sie beim zwölften Schlage der Turmuhr auf den Mund küßt."

Da sprang der Junker Heute auf: "Morgen, sagst du, morgen – da liegt mein Glück vor mir, und ich soll bis morgen warten? – Nein, heute, heute muß es mein werden!" – und er lief auf die schlafende Königsmaid zu und umschlang sie. – Da dröhnte ein furchtbarer Schlag durchs Schloß, und alle Herrlichkeit stürzte mit dem Ritter in tiefe Finsternis.

Als er erwachte, lag er auf der Landstraße am Rande des Waldes. Der schwarze Kater stand neben ihm und leckte ihm zärtlich die Hände, "Ach, du gutes Tier willst mich trösten," sagte Junker Heute traurig. Er erhob sich und setzte sich auf einen Stein am Wege und nahm den Kater auf seine Knie. "Ja, ja," sagte er, "so ist's, nach dem Glück zog ich aus, und als ich es beinahe hatte, muß ich es mir durch meine Ungeduld zerstören – ja, so war ich immer – und mein armer Bruder hat es sich wohl durch seine Trägheit vernichtet – ach, Bruder Morgen, wärest du doch wieder bei mir, da wollten wir zusammen es noch einmal versuchen."

Als er so sprach, sprang der Kater ganz wild von seinen Knien herunter, heulte fürchterlich, zerrte an seinen Kleidern, lief zur verfallenen Hütte, kam wieder zurück und zerrte wieder an seinem Rocke.

Da merkte der Junker, daß das Tier etwas von ihm wolle, stand auf und folgte dem Kater in die Hütte. Dort stand die Alte am Herde und rührte in einer Schüssel, aus der ein häßlicher Geruch aufstieg, und murmelte leise unverständliche Worte dazu. Da sprang der Kater so wild auf die Schultern der Alten, daß sie mit einem Schrei umfiel, und nun zerbiß der Kater ihr das Gesicht und fauchte und heulte jämmerlich. Junker Heute nahm sein Schwert und schlug die alte böse Hexe tot. Und in demselben Augenblick stand sein Bruder Morgen neben ihm, und ein schwarzes Katerfell lag an der Erde.

Die Brüder umarmten sich und weinten vor Freude. "Da stehen wir nun beide mit leeren Händen, jetzt laß uns zusammen das Glück suchen," sagte Junker Morgen. "Wenn du zu schnell bist, werde ich dich zurückhalten."

"Und wenn du zu lange zögern willst, werde ich dich antreiben," sagte Junker Heute. Und so machten sie es.

Und so wurden sie beide glücklich und lebten ein langes schönes Leben.

Das Zauberauge

Es war einmal...

Ja, was war denn schnell? –

Richtig! Ein kleiner Knabe und ein kleines Mädchen lebten hoch oben im Norden. Sie hießen Ola und Fretta, und sie hatten sich sehr lieb.

Es waren nicht Schwester und Bruder, denn den kleinen Ola hatte Frettas arme Mutter einmal im kalten Winter halb erfroren im Walde gefunden und ihn mit nach Haus genommen, und nun spielten die beiden zusammen und hatten sich sehr lieb.

Im Sommer liefen sie im Walde umher und sammelten Beeren und Moos, machten Kränze und Sträuße von den schönen Waldblumen, die ihre Mutter dann in die Stadt trug, um sie zu verkaufen. Sie suchten Futter für ihre Ziege und sammelten im Herbst Holz und trockenes Laub für den Winter. Sie lagen im Schatten der Bäume und erzählten sich schöne Märchen oder legten sich auf den Rücken mitten in der Waldwiese und sahen hinauf in den hohen blauen Himmel, der immer höher wurde, je länger sie hinaufsahen. Und wenn die Wolken dort schwer dahinzogen oder wie kleine weiße Lämmer feststanden, sehnten sie sich zusammen hinauf, um von dort die ganze große Welt sehen zu können und mit den Wolken fliegen zu können – weit, weit weg.

Aber sie wollten immer zusammen sein, denn sie hatten sich sehr lieb.

"Aber wenn wir uns einmal verlieren, Ola?"

"Ach, dich finde ich immer wieder, du hast ja dein hübsches schwarzes Fleckchen am Ohr, und dein goldenes Haar leuchtet in der Sonne, dich finde ich schon wieder."

Und eines Tags waren sie sehr weit in den Wald hineingegangen. Da kamen sie an ein kleines Haus mit einem kleinen Garten daran. In dem Garten standen so wunderschöne Blumen, wie sie solche noch nie zuvor gesehen hatten. In allen Farben sprühte und glühte es darin wie lauter Edelsteine. Die beiden standen still und staunten all die Schönheit an.

Da hörten sie eine Stimme sagen: "Kommt doch herein, Kinder! Wollt ihr die schönen Blumen haben?"

Und als sie aufsahen, stand am Fenster des Häuschens ein häßlicher alter Mann mit langen grauen schmutzigen Haaren, und in der Mitte der Stirn hatte er nur ein Auge, und das war blutrot und funkelte wild.

Da erfaßte sie eine große Angst, und sie liefen, so schnell sie nur konnten, nach Hause und erzählten der Mutter, was sie gesehen.

"Da dürft ihr nie wieder hingehen, Kinder, das ist der böse Zauberer, wenn der ein Kind ansieht mit seinem bösen Auge, wird es krank im Herzen und kann sich an nichts mehr freuen und stirbt bald. Also geht mir nie wieder so tief in den Wald, hört ihr?"

Aber Ola dachte Tag und Nacht an die wunderschönen Blumen und wollte so gern welche für Fretta haben.

"Wenn ich nun schnell hineingehe und hole mir ein paar und sehe dem bösen Mann gar nicht ins Auge, dann kann es doch nicht schaden. Die Blumen sind wie Edelsteine; wenn wir die in der Stadt verkaufen, werden wir reiche Leute, dann kann ich für Mutter und Fretta schöne Kleider kaufen, und ich kann in die weite Welt hinaus und sehen, wie es da aussieht, und wenn ich wiederkomme, dann heirate ich Fretta."

So dachte er jeden Tag und jede Nacht an nichts andres mehr als an den Zaubergarten, und endlich konnte er es nicht mehr aushalten, er wollte wenigstens einmal hingehen und sehen, ob er nicht zwischen dem Gitter durch eine Blume abreißen konnte.

Es war ein schöner Sommerabend. Fretta saß auf ihrem Schemel und melkte die Ziege. Da rief Ola ihr zu: "lch gehe in den Wald, Futter zu holen, es ist fast keins mehr im Stall, ich bin bald wieder zurück."

Fretta wunderte sich, da Ola sonst nie allein in den Wald ging, aber sie konnte nicht fort von ihrer Arbeit, und so ließ sie ihn gehen.

Ola ging mit klopfendem Herzen tief in den Wald hinein. Es war so unheimlich still um ihn her, da er seine Fretta zum Plaudern nicht bei sich hatte. Nach langem Laufen wurde ihm doch so bange ums Herz, und er wollte schon umkehren, da sah er von weitem ein Funkeln und Leuchten – das kam von den schönen Blumen – so nahe war er schon – nein, da wollte er doch einmal versuchen, ob er eine bekommen könne.

Und ganz leise schlich er sich an den Garten heran – rings umher war alles still, ganz still, er sah keinen Menschen im Garten, auch am Fenster des Häuschens war niemand zu sehen.

Und da, ganz nahe am Gitter, wuchs eine herrliche rote Blume, die glitzerte und funkelte und strahlte so wunderschön – die mußte er haben.

Und er kniete am Boden nieder, zwängte seine Hand durchs Gitter und ergriff die Blume. Da er aber den Stengel hatte, war's, als ob er in ein scharfes Messer griff, und sein rotes warmes Blut troff auf die Erde, und die Hand war fest an der Blume, und er konnte sie nicht mehr losmachen. Da stieß er vor Schreck und Schmerz einen lauten Schrei aus – und dann hörte er, wie eilig schwere Schritte aus dem Hause kamen, und eine derbe Hand packte ihn hinten am Kragen und hob ihn über das Gitter in den Garten hinein.

"So, da hab' ich dich ja, du Bürschchen. Haben dich meine Blumen gelockt? Nun, so ist's recht, jetzt kannst du bei mir bleiben. – So – sieh mich einmal an!"

Und Ola, zitternd an Händen und Füßen, mußte dem Zauberer in sein böses Auge sehen.

Da war's ihm, als ob sein Herz zusammenschrumpfte, als ob es kalte schwarze Nacht in ihm würde.

Und der Zauberer führte ihn ins Haus. Da lagen auf dem Tische viele hübsche runde Dinger, blau und braun und schwarz.

"Das sind Kinderungen," sagte der Mann, "die pflanzen wir draußen im Garten, und das werden dann Edelsteine. Von den letzten Gedanken, die das Kind hatte, nehmen sie dann die Farben an. Das Kindesauge, das gerade an seine Eltern dachte, als es herausgerissen wurde, gibt die schönen blauen Blumen, die Sehnsuchtstränen werden Diamanten, und wenn ein kleines Mädchen oder ein Knabe eine stille warme Liebe im Herzen hat, das werden die schönsten Blumen, die feuerroten mit den heißen goldenen Strahlen.

"Deine Augen würden solche Strahlenblumen geben, wenn ich dich getötet hätte, ehe ich dich angeschaut, denn du liebst das kleine Mädchen, das neulich mit dir hier war–"

"Nein, ich liebe es nicht," sagte Ola, "das häßliche Ding mit dem schwarzen Fleck am Ohr und dem gelben Haar–"

"Aha – der Zauber hat schon gewirkt," murmelte der Alte. "fürchte dich nicht, ich werde dich nicht töten, denn du sollst mir helfen bei meiner Arbeit; diese Augen müssen alle im Garten gepflanzt werden, und ich werde alt und kann mich nicht mehr so bücken. Wenn du mir ordentlich hilfst, werde ich dir mein Zauberauge vermachen, dann kannst du an meiner Stelle hierbleiben und die Kinder locken, die Blumen pflanzen und die Edelsteine verkaufen."

"Kommen denn viele Kinder her?"

"O ja, oder ich suche sie mir auch draußen; wenn ich ihnen meine Steine zeige kommen sie alle mit. Wenn ich hinausgehe, sie zu fangen, nehme ich einen großen Schirm vor das Auge, dann fürchten sie sich nicht; so mußt du es später auch einmal machen."

"O ja," sagte Ola, "das wird schön."

"Und das kleine Mädchen müssen wir auch haben, denn das liebt dich, und das gibt die schönen Blumen, die roten, die sind die gesuchtesten und werden teuer bezahlt."

"Ja," sagte Ola, "das müssen wir auch haben."

Fretta aber saß mit Angst und Sorge zu Hause, denn es war sehr spät am Abend geworden, und Ola war noch nicht zurück.

"Ach, Mutter! Er ist gewiß bei dem bösen Zauberer; er hat mir wohl eine von den schönen Blumen holen wollen, weil ich sagte, sie gefallen mir so gut? Ach, Mutter, was soll ich tun, um ihn wieder herzubekommen? Ich sterbe ohne ihn!"

"Sei doch nicht so dumm," sagte die Mutter, "laß ihn doch, ich habe ihn gewarnt; und er ist ja gar nicht dein wirklicher Bruder, da brauchst du ihn gar nicht liebzuhaben, und zu sterben brauchst du schon gar nicht deshalb. Gehe lieber morgen in den Wald und hole Blumen, daß ich sie wieder in der Stadt verkaufen kann, denn sonst müssen wir hungern, und die Ziege muß auch Futter haben."

Fretta aber weinte die ganze Nacht. Andern Tags ging sie in den Wald. Wie öde und still war es da ohne Ola! Sie fürchtete sich, riß schnell so viel Blumen als möglich ab und lief nach Hause. Und so weinte sie viele Tage und Nächte und wurde blaß und aß und trank nicht.

Sie hatte nur noch den einen Gedanken: Wie kann ich Ola retten? Ach, ich muß einmal hingehen, ob ich ihn wenigstens einmal wiedersehe.

Und den andern Tag ging sie durch den stillen Wald, lange, lange – bis auch sie die schönen Blumen wieder sah – und sie ging leise ganz nahe heran; aber die Blumen wollte sie gar nicht, sie wollte nur Ola sehen.

Und richtig, da lag er an der Erde und grub mit den Händen Löcher hinein, und dann legte er etwas in die Löcher hinein und deckte die Erde wieder drüber.

"Ola, Ola, was machst du da?" schrie sie.

Er aber kannte seinen Namen nicht mehr und hörte sie nicht.

Da fing sie bitterlich zu weinen an.

Erst als Ola mit seiner Arbeit fertig war, stand er auf, und da sah er sie und kam an das Gitter.

Und sie streckte die Arme nach ihm aus.

Aber er sah sie mit einem bösen stechenden Blick an und hielt ihr eine Blume hin und sagte: "Willst du sie, so komm doch herein, ich gebe dir alle Blumen, die du willst."

"Aber Ola, lieber guter Ola, kennst du mich denn nicht mehr, ich bin ja deine Fretta, die du immer so liebhattest? Ach, sieh mich doch wieder freundlich an!"

Aber der Zauberer hatte Olas Herz ganz böse gemacht, daß er nicht mehr wußte, wie lieb er Fretta hatte.

"Ich kenne dich nicht," sagte er, "du mit dem häßlichen schwarzen Fleck am Ohr und den gelben Haaren, aber du hast schöne Augen, und die können wir brauchen." Und er streckte die Hand nach ihr aus, um sie hereinzuholen.

Doch sein wilder, böser Blick erschreckte die arme kleine Fretta so sehr, daß sie voll Todesangst davonlief und heiß und mit Fieber in den Adern nach Hause kam. Aber ihre Mutter war nicht zu Hause; sie war von der Stadt noch nicht zurückgekommen. Sie war schon früher manchmal erst am andern Tage heimgekehrt, und die beiden Kinder hatten sich nicht gefürchtet.

Doch heute zitterte Fretta vor Angst. Sie konnte Olas fürchterliche Augen nicht vergessen. Der arme Ola, das hatte ihm der böse Zauberer angetan.

Sie mußte ihn retten, sie hatte ihn ja so lieb.

Aber was sollte sie tun?

Das Auge war's – hatte die Mutter gesagt –, das Zauberauge, damit hatte der Alte Olas Herz vergiftet, und nun war er krank und mußte bald sterben.

Bald sterben! – Fretta fuhr von ihrem Lager auf. Ola sterben, nein, nein, das darf nicht geschehen. Ich muß ihn retten.

Es war eine schöne stille Sommernacht. Dort im Norden sind die Nächte so hell wie der Tag.

Fretta stand auf, sie wußte mit einem Male, was sie wollte. Sie holte sich aus der Küche ein scharfes, spitzes Messer, und dann ging sie hinaus in den schlafenden Wald. Ihre nackten Füße machten kein Geräusch, und so war es totenstill um sie her. Die Vögel und die Bäume und die Blumen schliefen, und nur der Atem des Waldes strich wie ein leichter weicher Wind über Frettas Wangen.

Fretta fürchtete sich in dieser großen Stille so ganz allein. Wenn doch nur ein einziger Vogel gesungen hätte!

Das Herz wollte ihr springen vor Angst, aber da dachte sie an Ola und rief seinen Namen leise, ganz leise – aber immer: Ola – Ola – Ola – –

Und so kam sie endlich an das Haus des Zauberers.

Da war es auch totenstill. Die Blumen lagen müde im Grase und hatten allen Glanz verloren, Fretta kletterte über das Gitter, dann auf die Bank, die am Fenster stand, und sah hinein. Sie zitterte am ganzen Körper, aber sie nahm den letzten Mut zusammen und sah den großen häßlichen Mann im Bette liegen. Das eine große schreckliche Auge war geschlossen. Und neben ihm lag Ola und schlief auch.

Leise stieg sie durchs offene Fenster in die Stube – es war so hell darin wie am Tage. Sie schlich ans Bett – er schlief ganz fest, der böse Mann, und hörte nichts; da stieg sie auf einen Stuhl, von da in sein Bett ihm zu Häupten, und mit beiden kleinen schwachen zitternden Händen bohrte sie das Messer gerade in sein böses Auge hinein. Er stieß einen so gräßlichen Schrei aus, daß Ola erwachte und sie greifen wollte, aber sie sprang schnell von ihm weg zum Fenster hin.

"Komm, Ola – mein Ola, deine Fretta ist's – komm mit mir!"

"Ach, bist du's, meine kleine süße Fretta?" sagte Ola und rieb sich die Augen und sah sie wieder so gut und lieb an wie früher. "Ja wir wollen laufen, nach Hause – ich habe dich so lange nicht gesehen – ich habe wohl geträumt –"

Aber der Zauberer schrie in seinem Schmerz so laut, daß Ola bald wieder wußte, wo er war. Da drängte er Fretta hinaus durchs Fenster in den Garten und dem Walde zu.

"Nun können wir aber ein paar Blumen mitnehmen, der tut uns nichts mehr. Siehst du diese rote und diese blauen – ach, die weißen und gelben noch?"

"Nein, nein," schrie Fretta, "dort steht er am Fenster, er kommt uns noch nach." Und sie liefen schnell hinaus in den sommerschlafenden stillen Wald.

Aber sie fürchteten sich nicht mehr, denn sie waren zu zweien, und sie hatten sich sehr lieb.

"Und aus den roten und blauen Steinen lass' ich dir ein schönes Geschmeide machen, wenn du einmal meine kleine Frau bist," sagte Ola.

Und sie küßten sich und liefen froh und glücklich im Walde umher und dachten nichts andres, als daß sie sich nun wieder bei den Händen halten und zusammen spielen und träumen konnten.

Von dem bösen Zauberauge sprachen sie nie wieder.

Der goldene Regen

Der heilige Wettermacher Petrus stand oben am Wetterhaus, das gerade an der Grenze des Himmelreichs liegt, wo die blauen Engelswiesen aufhören und der rote Wald des bösen Reiches anfängt.

Er schaute herunter auf die Erde, ob es gut sei. daß er wieder einmal regnen lasse. – Na, etwas Regen könnte nicht schaden, dachte er. Aber die Leute auf dem Lande waren gerade bei der Ernte, und da wollte er sie nicht erschrecken. Die Stadtleute aber waren sehr böse über den Staub, der ihnen die schönen Kleider verdarb, und schauten recht sehnsüchtig zum blauen, heißen Himmel hinauf.

"Ach was," sagte Petrus, "die können warten." Und da er etwas müde war, setzte er sich auf eine Bank unter einen goldenen Baum. Auf der blauen Himmelswiese spielten die Engelskinder und sangen schöne fröhliche Lieder; die hörte Petrus so gerne, und er lächelte sanft und schlief ein.

Da kam gerade auf der andern Seite der böse Teufel vorüber. Der guckte über den goldenen Zaun und sah den heiligen Petrus eingeschlafen auf der Bank sitzen.

"Na, warte," sagte er, "dir will ich mal einen Streich spielen, bin dir noch einen schuldig dafür, daß du mir neulich ein paar Seelen, die fast schon in mein Reich gehörten, noch im letzten Augenblick durch deine Engel abspenstig gemacht hast." Und damit stieg er mit seinen langen schwarzen Bocksbeinen über den goldenen Zaun. Vorsichtig sah er sich um, denn wenn er erwischt worden wäre, hätte er zur Strafe drei Tage im Himmel bleiben und die Güte und den Frieden, der da herrschte, mit ansehen müssen, und das war ihm fürchterlich.

So schlich er ganz leise zur Bank, wo der alte Petrus im Traum mit dem Kopfe nickte, und hielt ihm seine schwarze zottige Hand an die Nase. Aber Petrus rührte sich nicht.

"Na, wenn du meinen Höllengeruch nicht riechst, vor dem sogar meine Teufel davonrennen, dann bin ich sicher, dann schläfst du fest genug für eine lange Weile." Er lachte vergnügt und sah sich um, was er nun Tolles anrichten könnte, um die Menschen auf der Erde recht in Wut zu bringen, daß sie in ihrem Zorn was recht Böses täten, das sie zuletzt in seine rote Hölle brächte, um dort ihm, statt dem lieben Gott im Himmel, zu dienen.

Da bemerkte er, daß Petrus das Wetterhaus offen gelassen hatte, und flugs ging er hinein und sah auf die Erde hinunter. Und weil ihm vorerst nichts Besseres einfiel, fing er an, die silberne Regenpumpe zu schwingen, und freute sich, wie es dann in Strömen hinunterregnete und die Leute auf dem Lande erst böse Augen machten und dann böse, zornige Worte sagten. In der Stadt aber freuten sie sich. – "Ja, Ja," sagte der Schwarze, "auch ich kann es euch nicht allen recht machen, meine Lieben." – Es machte ihm großen Spaß, die zappelnden Leute auf dem Felde eines kleinen Dorfes zu beobachten, wie sie ratlos hin und her rannten und nicht wußten, was sie zuerst anfassen sollten, um ihre Ernte einzubringen. Immer toller schwang er den Pumpenstiel, und immer lauter schimpften die Leute unten. Da rief ein Bauersmann: "Immer grad, wenn's am wenigsten paßt, müssen s' da oben die Schleusen aufmachen." – "Ja, der Petrus wird alt und schwach, man merkt's," sagte ein andrer. – Da rief ein Dritter: "Wenn's noch Gold wäre, was da runterkommt – aber das dumme Wasser, das einem nur alles verdirbt –"

Da kam dem Bösen ein guter Gedanke, das heißt, ihm schien er gut, aber er konnte nur Böses denken. "Ha – das ist ein Wort –, Gold wollt ihr, daß es regnet – na, die Freude will ich euch machen." – Und er tauchte seine goldenen Hörner in das reine Himmelswasser, und plötzlich regnete es wirklich Gold auf die Erde. Erst waren es kleine Funken, und allmählich wurden es große Stücke, wie Eier groß.

Die Leute unten waren vor den Regenströmen in eine Feldscheune geflüchtet und standen nun herum und sahen grimmig hinaus auf ihre schöne Ernte, die ihnen da vor der Nase zuschanden wurde. – Da sahen sie es plötzlich im Regen wie Gold aufblitzen und dann immer größere Stücke herunterfallen. Sie rieben sich die Augen und dachten, sie sähen nicht recht. Keiner traute sich zuerst zu sagen, was er sah, er dachte, man würde ihn auslachen. Sie wurden immer aufgeregter und reckten ihre Hälse nach dem Himmel.

"Was glotzt du denn so?" fragte einer seinen Nachbar. – "Du, siehst du was?" sagte endlich einer. – "Was siehst denn du?" fragte mißtrauisch der andre. – "Na, ich sehe was." – "Ich auch."

"Meinst vielleicht, daß es Gold wär' – machst grad so ein schlaues Gesicht!" – "Na, deins sieht schon eine ganze Weile noch dümmer aus als sonst."

"Ha, das sind ja Goldstücke!" rief da ein Kind. Und da schrien sie alle auf: "Gold, Gold! Es regnet Gold!"

"Herrgott, dann ist ja die ganze Ernte hin!" schrie eine Frau. – "So dumm," brummte ein Bauer, "die mag hin sein, wenn dafür das Feld voll Gold liegt." – "Aber vielleicht schmilzt es nachher," sagte das Kind. – Da sahen sich alle erschrocken an und wußten in der Verwirrung nicht, was sie tun sollten.

"Körbe her!" rief der kluge Mart. Und da riefen es ihm alle nach: "Körbe her, Körbe her!" – Und die Leute stürzten in die Häuser nach Körben. Es war eine furchtbare Aufregung, denn die Stücke Gold, die noch immer von oben fielen, trafen sie überall hin, und mit Wunden an Kopf und Händen wühlten sie dann in dem Golde und luden Körbe, Säcke und Kasten voll und was sie sonst irgend im Hause erwischen konnten, in das man das Gold hineinstecken konnte.

Sie rafften mit zitternden Händen zusammen, was sie nur greifen konnten, und stießen die andern Hände fort, die ihnen in den Weg kamen, und schlugen aufeinander los in bitterböser Angst, daß der andre mehr von dem gleißenden Gold erwischen könnte als sie selbst. Schließlich hatten sie alle blutende Wunden und böse Herzen, als es endlich aufhörte zu regnen. Und sie arbeiteten weiter, heiß und aufgeregt, bis sie gar keinen Raum mehr hatten, wo sie das übrige unterbringen konnten. Und sie sahen mit gierigen Blicken nach dem, was sie nicht mehr mitnehmen konnten in ihre Häuser.

Und alle Türen, die bisher auch über Nacht unverschlossen geblieben waren, weil sich keiner vor dem andern fürchtete, wurden diese Nacht verriegelt und verrammelt, weil keiner mehr dem andern traute. Ans Essen und Trinken dachte niemand, sie schlichen sich todmüde und ganz dumm vor lauter Glück und schweren Gedanken, was sie nun mit all den Schätzen machen sollten, in ihre Betten und schliefen einen schweren Schlaf mit angstvollen Träumen.

Der schwarze König aber stand oben und hielt sich die Seiten vor Lachen und rieb sich die Hände vor Freude auf die Ernte, die er da halten würde, wenn der Same des Bösen aufgehen würde, der durch den plötzlichen, ohne Arbeit und Mühe ihnen zufallenden Reichtum in die Herzen der Menschen gefallen war. Da hörte er das laute Gähnen des erwachenden Petrus und schlich sich leise aus dem Wetterhäuschen und sprang über den Zaun zurück in sein eignes, dunkles Reich, das nur durch ein rotes Feuer Tag und Nacht erleuchtet war.

Unten aber sah es böse aus am andern Tage. Es war ein Zanken und Schelten im ganzen Dorf, und böse Worte fielen hinüber und herüber, denn keiner wollte nun mehr an die Arbeit, weil jeder nun seine Kammer voll Gold hatte und niemandem mehr zu dienen brauchte.

Aber keiner wußte eigentlich so recht, was er mit seinem Golde anfangen sollte. Da sagte der kluge Mart zu seinem Weibe: "Laß den großen Wagen anspannen und pack' das Gold darauf, wir wollen in die Stadt fahren und dort lustig und guter Dinge leben, was tun wir jetzt noch hier in dem elenden Nest! Aber such' auch alle alten Lumpen und Säcke heraus, die du irgend finden kannst, und decke das Gold damit zu, daß man es nicht sieht, sonst geht es uns schlecht, man würde uns totschlagen auf der ersten Wegmeile."

Die Frau ging hinaus, und bald darauf hörte man ein großes Geschrei. Und als Mart hinausging, hörte er, daß der Knecht die Hausfrau mit bösen Worten anschrie, er brauche nun nicht mehr ihren Knecht zu spielen, nun habe er ebensoviel Gold wie sie, sie solle nur selbst tun, was sie bisher von andern habe tun lassen, ihre paar lumpigen Taler Lohn brauche er nicht mehr. Da kraute sich der kluge Mart den Kopf und sagte: "Komm, Lina, das nutzt nun weiter nicht, wir müssen schon selbst an die Arbeit gehen." Und als sie mit vieler Mühe den Wagen vollgepackt hatten, setzten sie sich oben drauf und fuhren ab. Als das die andern sahen, wußten sie plötzlich auch, was das klügste sei, und nun holte alles, was Wagen und Pferde hatte, diese herbei, und es war ein langer Zug, der langsam und feierlich, weil so schwer geladen war, wie ein Leichenzug aus dem Dorfe fuhr.

Unterwegs aber bekamen sie einen fürchterlichen Streit, weil jeder dem andern voranfahren wollte und Knechte und Mägde sich jetzt ebensoviel dünkten wie der Bürgermeister und Lehrer, und es ihnen nun Freude machte, sich an ihren früheren Brotherrn zu rächen für manches Scheltwort und knappen Hungerlohn, den sie sich hatten gefallen lassen müssen. Und so fielen die jungen starken Leute über die alten und schwächeren her, und es gab einen schrecklichen Kampf mit Blut und Totschlag, so daß endlich nur noch ihrer wenige die Stadt erreichten, wo sie, die dummen Bauern, von den schlauen Stadtleuten bald um ihre Habe gebracht wurden, so daß sie bald wieder so arm waren wie vorher und in der Fremde elendiglich umkamen, denn in die Heimat zurückzukehren, schämten sie sich.

So waren in dem Dorfe nur die ganz Armen, die keine Wagen und Pferde hatten, zurückgeblieben, und diese machten sich's nun bequem in den verlassenen Höfen und Wohnungen; sie hatten zu viel Gold, um es in einem Korbe fortzutragen; und auch nur den kleinsten Teil davon zurückzulassen, dazu konnten sie sich beileibe nicht entschließen. So saßen sie nun angstvoll bei ihrem Golde und beobachteten es, und hatten jetzt noch weniger Freude an ihrem Leben als früher, denn niemand wollte für den andern etwas tun, und sie mußten sich dürftig und halb hungrig durch ihre Tage schlagen. Als nun die Vorräte an Lebensmitteln zu Ende gingen, brach ein großer Streit unter ihnen aus, denn keiner traute sich, seinen Haufen Gold zu verlassen, um in der fernen Stadt das Nötige einzukaufen. Und schließlich wurden sie vor Hunger und Ärger so zornig, daß sie ganz vergaßen, wie gern sie noch gelebt hätten, um sich an all den guten Dingen zu erfreuen, die sie sich mit ihrem Reichtum anschaffen wollten, und wütend übereinander herfielen und jeder den andern zwingen wollte, die nötigen Botendienste in der Stadt zu tun, damit sie nicht vor Hunger sterben müßten. Und so schlugen sie in ihrer Wut mit Äxten und Heugabeln aufeinander los, blind und taub vor Ärger und Verdruß darüber, daß sie so neben ihrem Golde sitzen mußten und vor Hunger und Langerweile umkommen sollten. Und sie hieben und stachen so lange und so tapfer aufeinander los, bis nur noch ein Einziger von ihnen übrigblieb. Das war der Beste unter ihnen, er hatte sich in seine Scheune versteckt, als das mörderische Raufen losging, da wollte er nicht mittun, aber sein Gold verlassen – nein, das konnte auch er nicht.

So saß denn der arme reiche Peter bei dem vielen, vielen Gold, denn nun gehörte ja alles ihm ganz allein. Und neben ihm lag sein letztes Brot, und zu seinen Füßen wedelte sein treuer Hund traurig mit dem kurzen Schwanze.

"Bill," sagte Peter, "wir zwei ganz allein im Dorf, ganz allein, und reich sind wir, furchtbar reich, aber zu essen haben wir weiter nichts, als noch dieses eine Brot, das will ich mit dir teilen, und dann werden wir sterben. Ach, wir sind beide noch so jung, und es ist hart, zu sterben!" Und Peter weinte aus Mitleid mit sich selbst. Aber sein Gold verlassen, das ging nicht. Sein Glanz hatte seinen Verstand ganz dumm gemacht.

Da stand von ungefähr der heilige Petrus wieder einmal am Wasserhaus. "Ja, ja," sagte er, "ich muß wohl wieder einmal regnen lassen auf jener Seite, hab' sie, meiner Treu, ganz vergessen seit jenem Tag, da ich drüber eingeschlafen bin. 's wird schön trocken sein, und die Leute werden wieder tüchtig auf den alten Petrus schimpfen." Und so guckte er hinunter, gerade mitten in das verödete Dorf hinein. – "Na, was ist denn das?" sagte er. "Ja, was ist denn das? Wie schaut's denn da aus? Himmel! Es sind ja erst acht Tage, so schnell können doch die Menschen an der Dürre nicht gestorben sein. Nein, nein, was hab' ich denn da angericht'!" Da hörte er ein sonderbares böses Lachen neben sich, und als er sich umsah, stand der Schwarze am Gitter und sah ihn höhnisch an.

"Ja, ja, Nachbar, so geht es, wenn man sein Amt nicht besser hütet, wenn man einschläft und 's Wetterhaus weit aufstehen läßt – nun sind wir für eine Weile quitt, die von da unten sind nun alle in meinem Reich, hast mir genug in deines weggeholt."

Der gute Petrus war ganz steif und reglos vor Schrecken und konnte keine Antwort finden auf diese Worte des Bösen. Er setzte seine große Hornbrille auf die Nase und schaute nun etwas genauer hin auf die Stelle, wo die vielen toten Menschen lagen; und da erblickte er das Gold, das noch auf dem Felde liegen geblieben war, und da verstand er plötzlich, wie sein Feind es angestellt hatte, die Menschen zu verderben.

"Ach," seufzte er, "immer und immer ist es das Gold, auf das die armen Menschlein hereinfallen! Aber ich kann's mir nicht verzeihen, daß ich schuld daran bin." Und er war so traurig, daß er sich erst ein wenig setzen und ausruhen mußte, denn er war schon sehr alt, und vieles Denken und Sorgen wurde ihm schwer. Nach einer Weile tiefen Sinnens sprang er auf, denn ihm war ein guter Gedanke gekommen: "Vielleicht sind doch noch einige Leute in dem traurigen Dorf, an denen muß ich gutmachen, was ich verschuldet habe."

Und als er recht genau durch seine Brille hinunterspähte, erblickte er den armen Peter in seiner Scheune und sonst niemand mehr. "Ach, nur einer, nur einer!" seufzte Petrus. "Aber das ist ja der Peter, eins meiner Patenkinder – Gottlob, dem kann ich eine große Wohltat tun in seiner Not."

Und er schaute nach der blauen Wiese hin, wo die Engelsjungfrauen eben die weißen Schneefedern wuschen und sie in große graue Säcke packten, um sie im Winter wieder über die schlafende Erde ausschütten zu können, daß sie schön warm zugedeckt sei in der großen Kälte. – "Serafine," rief Petrus, "Serafine, komm doch einmal her, meine Liebe!"

Die also gerufene Engelsjungfrau kam schnell herbei und fragte mit sanfter Stimme: "Was wollt ihr von mir, lieber Petrus?"

"Sieh," sagte dieser, "sieh einmal da hinunter, was mir der Schwarze von nebenan angerichtet hat. Bin neulich so ein bißchen eingenickt und habe das Wetterhaus oben aufgelassen; gleich muß der da die Gelegenheit erspähen und uns so viele arme Menschen abspenstig machen."

"Was hat er denn wieder angestellt?" fragte Serafine und spähte neugierig über den Rand des Himmels hinunter.

"Gold hat er regnen lassen statt Wasser, und das Gold verdirbt die Menschen, Streit und Hader, böse Worte und Totschlag bringt es unter sie; sieh, vom ganzen blühenden Dorf sitzt da nur noch einer, hütet noch seine Schätze und traut sich nicht fort davon, sondern verhungert lieber dabei. Dem muß ich helfen."

"Aber wie?" fragte Serafine.

"Er ist mein Patenkind, und dem darf ich eine besondere Gunst erweisen. Ich darf ihm eine Engelsjungfrau schicken für ein Jahr; willst du zu ihm gehen, Serafinchen?"

"Ein ganzes Jahr fort von hier, wo es so wunderschön ist? Das ist schwer, aber ich weiß, ich weiß, wir müssen alle einmal hinunter, um einem besonders unglücklichen Menschen zu helfen in seiner Not" – sie spähte wieder aufmerksam hinunter – "Und es ist kein böser Mensch, er sieht sanft und gut aus."

"Na, die Menschen haben alle ihre Fehler, die euch Engel erschrecken, aber er ist einer der besten. Also du willst, das ist schön von dir! So denn für ein Jahr. Mache ihn glücklich und gut in der Zeit, und wenn sie herum ist, dann lasse ihm etwas Schönes zurück, daran er sein Lebtag eine Freude hat. Und du weißt doch, du brauchst nur deine Arme zu mir aufzuheben, dann geschieht, was du gerade willst."

Und so geschah es, daß plötzlich Serafine neben dem Peter stand, als er nach einem kurzen, unruhigen Schlummer seine Augen öffnete. Verwundert schaute er sie lange an. Endlich fragte er schüchtern: "Wer bist du? Woher kommst du, und was willst du hier an diesem traurigen Ort?"

"Frag' nicht so viel, lieber Peter, aber glaube mir, daß ich gekommen bin, dir Gutes zu tun."

"Aber sieh," sagte Peter, "ich habe nichts für dich im Hause als diesen Haufen Gold, aber von dem allein wirst du auch nicht leben können, wie?"

Serafine lächelte. "Nein, davon allein kann ich nicht leben. Aber nimm davon, so viel du tragen kannst, und gehe in die Stadt, und hole so viel Gutes und Schönes dafür, als du bekommen kannst."

"Ach," sagte Peter, "kann ich dich denn allein lassen mit dem vielen Golde, wirst du es auch gut hüten, daß niemand darüberkommt?"

"Kein Mensch soll es dir nehmen," sagte Serafine.

"Nun, dann will ich gehen und werde so schnell als möglich zurück sein. Hier dies Brot ist alles, was noch an Speise da ist; wird es dir auch genug sein?"

"O ja, reichlich ist es, mein lieber Peter."

"Du wirst auch dem Bill davon geben?"

"Ja, ja, sicher, du hast ein gutes Herz, Lieber; geh jetzt und komme so schnell du kannst zurück."

Sobald Peter ihren Augen entschwunden war, hob Serafine die Arme gen Himmel, und im Nu war alles Gold, das ringsum angehäuft war, verschwunden.

Als nun der Peter, mit guten Dingen beladen, heimkehrte, traute er seinen Augen nicht, als er nirgend mehr eine Spur seines Goldes sah. Ein großer Zorn stieg in ihm auf, und er wollte mit bösen Worten und Schlägen, wie es seine grobe Bauernart war, auf Serafine losgehen. Aber diese sah ihn so sanft und furchtlos an, daß ihm Arm und Zunge lahm wurden und er nur ganz schüchtern fragen konnte: "Aber du wolltest es doch hüten, daß kein Mensch drüberkäme."

"Es ist kein Mensch drübergekommen, Lieber. Ich habe nur zum Himmel gebetet, daß mit dem Gold das geschehen möge, was zu deinem Besten wäre, und da war es plötzlich verschwunden. Aber tröste dich, ich werde dir etwas geben, das köstlicher ist als alles Gold der Welt und dich glücklicher machen wird als diese irdischen Schätze." – Ihre Augen leuchteten seltsam, als sie so sprach, und ein so starker Glanz von Schönheit strahlte von ihr aus, daß Peter fühlte, sie könne ihre Worte wahr machen.

"Und was ist es, das du mir geben willst?" fragte er mit neugieriger Seele.

"Liebe und Frieden," sagte Serafine und nahm seine Hand in die ihre. Da wurde es so still und glücklich in Peters Herzen, und er sagte: "Bleibe bei mir!"

"Das will ich," antwortete Serafine, "wenn du mich dir helfen lassen willst, Gutes zu tun."

Und nun begann ein neues Leben im Dorfe. Die beiden gingen zusammen in die benachbarten Orte und holten arme Leute herbei, gaben ihnen die verlassenen Häuser und Felder, und dann arbeiteten sie alle zusammen fleißig und unverdrossen. Und wenn einer unter ihnen Unfrieden anfangen oder sonst etwas Häßliches tun wollte, brauchte Serafine ihn nur mit ihren strahlenden Augen anzusehen, da vergaß er alles Böse und tat, wie sie ihn hieß. Und alle Leute sagten zueinander: "Das muß ein Engel vom Himmel sein!"

Und so ging ein Jahr dahin. Im Dorfe blühte alles wieder, und die Felder standen üppig reif für die Ernte. Die Leute waren fromm und gut und zufrieden ringsumher. Peter aber war glücklich; denn Serafine hatte sein Haus mit dem Sonnenschein des Friedens reich gemacht.

"Möchtest du nun noch einmal, daß es Gold regnete?" sagte eines Tags Serafine zum Peter.

"O nein, nein, um Gottes willen nicht. Das war die schrecklichste Zeit meines Lebens. Du hattest recht, du hast mir viel Besseres gegeben als Gold, ich danke dir mit meinem ganzen Herzen."

Da freute sich Serafine, daß sie ihre Aufgabe auf Erden so gut gelöst hatte, denn es war nun die Zeit nahe, da sie wieder zu ihrer blauen Himmelswiese und zu allen andern Schönheiten des Himmels zurückkehren durfte. Aber obgleich sie sich sehr nach dem allem zurücksehnte, war ihr Herz doch traurig, denn sie wußte, daß der arme Peter sehr unglücklich sein würde, wenn sie von ihm ging, und auch sie hatte ihn sehr liebgewonnen, da sie sein gutes Herz immer besser erkannt hatte.

Sie dachte viel darüber nach, was das wohl sein könne, das sie ihm nach des heiligen Petrus Geheiß zurücklassen sollte, um ihm für das ganze Leben eine Freude zu machen. Und plötzlich kam ihr ein glücklicher Gedanke.

Als nun die letzte Nacht herangekommen war, die sie noch auf Erden zubringen durfte, erhob sich Serafine leise aus ihrem Bette, um den Peter nicht zu stören, der nebenan schlief. Sie trat ans Fenster und schaute sehnsüchtig zum Himmel hinauf, an dem die goldenen Sterne funkelten, und dann sah sie traurig nach dem schlafenden Peter hin. Ihr Herz war voll Mitleid für ihn und voll von dem Wunsche, ihm zum Troste für ihr Fortgehen eine große Freude zu bereiten.

Sie öffnete das Fenster, hob die Arme zum Himmel und dachte an etwas so Wunderschönes, wie es sich nur ein Engel Gottes ausdenken kann. Und da löste sich ein glänzender Stern vom Himmel los und schwebte langsam zur Erde hernieder, und als er ganz nahe kam, war es ein kleines süßes Engelskind mit goldenen Locken und ebenso strahlenden Augen, wie Serafine sie hatte. Und sie nahm das rosige Kindlein in ihre Arme, küßte es zärtlich, und dann trug sie es zu Peters Bett und legte es an seine Seite. Und nachdem sie ihn sanft und leise auf die Augen geküßt hatte, breitete sie die Arme aus und flog zurück zu ihrer geliebten Himmelsheimat. Der heilige Petrus öffnete ihr das Tor und freute sich, sie wiederzusehen; er streichelte ihr die Hände und sagte: "Ich danke dir, Serafine, daß du meine Schuld gutgemacht hast bei diesen Menschen." Der Peter unten aber war sehr erstaunt, als er aufwachte und das süße, liebe Kleine neben sich fand. Voll Freude rief er nach Serafine, um es ihr zu zeigen – aber sie war nicht mehr zu finden, und da wußte er, daß die Leute recht hatten, und daß sie ein Engel des Himmels gewesen war.

Das Kindchen nannte er mit ihrem Namen, und es wuchs heran und machte ihm das Leben schön. Peter wurde sehr alt; aber so alt er auch wurde, niemals konnte er den Regen draußen niederrauschen hören, ohne ängstlich zu sagen: "Es wird doch um Gottes willen nicht wieder Gold regnen?"

Die jungen Leute, die das hörten, lachten ihn aus, aber er erzählte ihnen immer von neuem, was er vor langen Jahren einmal erlebt hatte. Doch sie lachten immer wieder und glaubten es ihm nicht. Er aber wußte es besser – und ihr auch.

König Sturm und Frau Sonne

König Sturm stand auf dem Dache seines weißen Schlosses.

Es lag hoch auf den Bergen in dem Lande, wo das Jahr nur eine lange Nacht und einen langen Tag hat, weil die gute Frau Sonne dort nicht wohnen mag.

Der König war gerade ganz allein in seinem Schloß von Eis. Seine Sturmvögel hatte er nach allen Seiten ausgeschickt, daß sie den Wind über die Erde trügen und die Luft bewegten, damit sie rein würde und gesund für Menschen, Tiere und Pflanzen.

Wenn die Vögel heimkehrten, hatten sie immer viel zu erzählen, was sie auf ihrer Reise gesehen und gehört hatten; da wurde dem König die Zeit nicht lang, und er lachte dann manchmal so laut über ihre Abenteuer, daß die Erde zitterte und die Menschen vor Angst laut aufschrien.

Heute aber stand er da und gähnte laut und sah begehrlich nach dem Stalle, wo seine vier kohlschwarzen Hengste mit ihren goldenen Ketten klirrten und die Glocken am silbernen Wagen leise läuteten. Er sehnte die Zeit herbei, wo er selbst auf seinem sausenden Gespann von seinen Bergen zur Erde fuhr, kreuz und quer durchs ganze Land, daß die Haare aus seinem weißen Königsmantel weit umherflogen und sich wie eine Decke über die Erde legten.

Hui, wie das ging! Tausende von Wolkenfrauen begleiteten ihn auf ihren grauen Rossen und schrien und jauchzten vor Lust an der tollen Jagd, und der König hieb mit seiner scharfen Eispeitsche auf seine Hengste ein, daß sie immer schneller und schneller um die arme stöhnende Erde rasten und die Menschen voll Angst in ihre Hütten krochen. Bis an die Grenze des blauen Reichs, das Frau Sonne gehörte, ging die wilde Fahrt – da aber mußte der König umwenden mit seinem Troß, denn Frau Sonne heizte mit ihren goldenen Strahlen so heiß in ihrem Lande ein, daß ihm die kristallene Eiskrone vom Haupte geschmolzen wäre – und da er ein König war, wollte er nicht ohne Krone sein.

Aber nur zweimal im Jahr durfte er diese Fahrt machen, sonst wäre die Erde und alles, was auf ihr lebte, zugrunde gegangen.

Eben aber war die Zeit der langen Nacht. Die wilden Wolkenfrauen schliefen rings auf den Bergen, und unten im Tal waren die Menschen in ihre Höhlen gekrochen, saßen bei tropfenden Talglichtern, aßen schwarzes Renntierfleisch und tranken öligen Fischtran; sie flickten ihre Schlitten und Netze und freuten sich auf den langen Tag, um wieder auf Jagd und Fischfang zu gehen. König Sturm sah ihnen eine Welle zu und gähnte laut, denn er langweilte sich sehr. Ihr habt es gut, dachte er, ihr seid wenigstens nicht allein. – Und er stieg auf eine noch höhere Zinne seines Schlosses. Von da konnte er mitten ins blaue Reich der Frau Sonne sehen, und dies war seine liebste Kurzweil in der Zeit, da er nicht um die Erde sausen durfte.

Da lag das goldene, glühende Schloß hoch oben auf blauen Bergen. Ein Wald von Rosen blühte ringsumher und weiße Schwäne schwammen auf silbernen Seen. "Schön ist ihr Land", sagte der König, "aber wenn sie nur selbst herauskäme, habe sie lange nicht gesehen".

Und da Frau Sonne gerade auch nicht viel zu tun hatte, trat sie eben aus ihrem goldenen Haus und sah mit ihren großen strahlenden Augen hinüber in das Land des Königs. Sie zürnte ihm eigentlich, weil er die armen Menschen so ängstigte, und wenn sie sah und hörte, wie sie vor Furcht schrien und sich versteckten, war sie ihm bitterböse und heizte dann doppelt warm in ihrem Lande ein, damit er keine Macht darüber bekam.

So erschrak sie denn ein wenig, als sie den König auf dem Berge stehen sah, denn sie war nur deshalb gekommen, um ihn zu sehen, aber sie wollte es ihn nicht merken lassen.

Und so standen sie beide eine Weile und sahen sich an. Plötzlich winkte der König mit seinen schwarzen Händen, denn er hatte dicke Fellhandschuhe an, zur Frau Sonne hinüber. Und da hob auch sie die lilienweißen Hände und winkte mit ihrem goldenen Schleier.

Groß und stark und mächtig stand König Sturm da, auf sein blankes Schwert gestützt. Seine nachtschwarzen Augen funkelten, und rabenschwarz war sein Haar und Bart.

Wie schön er ist! dachte Frau Sonne. Ich habe ihn noch nie so schön gesehen. – Und sie lächelte lieblich zu ihm hinüber, ihr flammenrotes Haar leuchtete, und ihre Augen waren so weich und sanft wie Schwanengefieder.

Wie schön sie ist! dachte der König. Ich habe sie noch nie so schön gesehen. – Und plötzlich rief er mit lauter Stimme, daß es in den Bergen wie Donner tönte: "Willst du mich nicht besuchen, Frau Sonne? Aber du mußt deinen heißen Feuerwagen zu Hause lassen, ich werde dir meinen Wolkenwagen schicken."

Frau Sonne erschrak über die starke Stimme des Königs, aber zugleich freute sie sich an seiner Kraft, und sie rief ihm zu: "Wie kann ich zu dir kommen? Ich würde sterben in der Nacht und Kälte bei dir."

"Aber ich liebe dich, Frau Sonne, und ich will dich küssen."

"Dann komme zu mir, König Sturm, ich liebe dich auch, aber du mußt deine Wolkenfrauen zu Hause lassen und deine harte Peitsche."

"Wie kann ich wohl zu dir kommen, da doch meine Silberkrone schmelzen würde in deinem heißen Lande, und du weißt, sie ist an meinem Haupte angewachsen."

"Aber ich liebe dich auch ohne Krone," sagte sie.

"Ein König ohne Krone ist kein König mehr. – Willst du es nicht doch versuchen? Ich hülle dich in meinen Mantel von Hermelin, und an meinem Herzen ist es warm."

Frau Sonne schüttelte traurig den Kopf und ging in ihr goldenes Schloß zurück.

Aber am andern Tage ging sie wieder auf den Berg, und auch der König stand wieder auf seinem Söller.

"Frau Sonne," rief er, "willst du mir nicht ein Stück Weges entgegenkommen, daß wir uns in der Mitte der Erde treffen?"

Da lachte Frau Sonne vor Freude. "Ja", sagte sie, "daran habe ich auch schon gedacht."

"Morgen", sagte der König, "gleich morgen."

Und Frau Sonne winkte und sagte: "Ja, morgen."

Da machte sich denn der König auf den Weg. Er ließ seine Wolkenfrauen schlafen, ließ auch seine Peitsche zu Hause und befahl seinen Rappen, langsam, ganz langsam zu traben. Denn er wollte Frau Sonne nicht erschrecken, und dann hoffte er auch, daß sie in ihrem leichten Wolkenwagen schneller des Weges käme und er nicht zu nahe an ihr Land heran müsse, denn er hatte große Sorge um seine Krone.

Frau Sonne fuhr denn auch sanft und leicht durch die Lüfte und trieb mit ihrem Lilienstengel die Wolkenschwäne zur Eile an, denn sie sehnte sich sehr, den starken König nun endlich einmal ganz nahe zu sehen. Und so fuhr sie in ihrer Sehnsucht dem Könige viel weiter entgegen, als sie eigentlich wollte, aber es wurde ihr sonderbar kühl und schwer im Herzen, je weiter sie nach Norden kam; und da sie den König noch immer nicht sah, wollte sie schon wieder umkehren in ihr blaues, warmes Land. – Da plötzlich ging ein Sausen durch die Luft, und die vier schwarzen Hengste standen vor ihr still. Frau Sonne wurde es dunkel vor den Augen, und ein Schwindel ergriff sie. Da breitete der König seinen weißen Mantel aus und nahm sie an sein Herz. Sie fühlte, daß es sehr warm war, und schmiegte sich an ihn und ließ sich küssen – viele, viele Male.

So lebten sie einige schöne Tage zusammen, und dann mußte jedes wieder zurück, da sie ihr Reich nicht so lange allein lassen konnten.

Aber jeden Abend und Morgen standen sie auf den Bergen ihres Landes und hielten Zwiesprache miteinander.

Und bald darauf hatte Königin Sonne ein Knäblein im Schoß, das seinem Vater sehr ähnlich war. Der König Sturm war sehr glücklich darüber und nannte ihn ***Boreas***.

Der Knabe wuchs schnell heran, und eines Tags küßte er seine Mutter und sprach: "Laß mich zu meinem Vater ziehen, zu weich ist mir die Luft in deinem Reiche, und die Rosen duften so schwül und machen mich matt und krank."

Frau Königin weinte bitterlich. Aber Boreas ließ sich nicht halten. Und bald hörte sie ihn nun mit dem König Sturm um die Wette über die arme Erde jagen, und die Menschen weinten immer lauter und beteten zur Königin Sonne, daß sie doch die Grenzen ihres Reichs erweitern und zu ihnen kommen möge. Aber die Königin durfte ihr goldenes Haus nicht für lange verlassen. Ach, wenn ich doch ein Töchterchen hätte, das mir gleich wäre, das wollte ich euch schicken, ihr armen Menschlein! dachte sie. Und sie betete zu den Göttern, daß sie ihr eine Tochter schenken möchten.

Und jedes Jahr kam nun König Sturm einmal seiner Königin entgegen. Und immer näher an ihr Land lockte sie ihn, denn sie hoffte, daß er an der Nähe ihres warmen Landes auch wärmer und sanfter werden würde, und daß dann auch ein neues Kindlein nicht mehr so rauh werden würde wie das erste. Aber auch das zweite Kindlein war ein Knabe, und sie nannten ihn ***Euros***, und dann kam noch ein dritter Knabe, den sie ***Notos*** hießen – aber obgleich jeder ein wenig sanfter war als der König, so wollten sie doch beide auch lieber in dem kalten Reiche des Vaters leben und zogen eines Tags von der Mutter fort, weil sie sich auf den rauhen Fahrten des Königs lustig und stark fühlten. Da wurde die Königin sehr traurig und verbarg sich vor dem König, ging nicht mehr auf die Berge und schaute nicht mehr hinüber in das Land des Königs. Der König aber ging täglich auf seinen Söller hinauf und wartete lange auf seine Königin. Und da sie gar nicht kommen wollte, wurde seine Sehnsucht nach ihr plötzlich so groß, daß er die Angst um seine Krone vergaß und flugs in ihr Land reiste und sie in ihrem goldenen Hause aufsuchte.

Er war ganz bleich und erschöpft, als er bei ihr ankam, und seine geliebte Krone war ihm wirklich vom Haupte geschmolzen.

Die Königin fiel ihm vor großer Freude zu Füßen und sagte: "Ich danke dir, daß du mich so liebhast, daß du deine Krone opfern konntest."

Und sie blieben einen Tag und eine Nacht zusammen und waren glücklich und vergnügt. Länger aber konnte der König es im Sonnenreiche nicht aushalten, denn der Glanz darin blendete seine Augen, und die große Wärme tat ihm weh. Bald darauf wurde der Wunsch der Königin endlich erfüllt, und sie bekam ein kleines, schönes Prinzeßchen. Und als es heranwuchs, war es ganz wie seine Mutter anzusehen: es hatte rotgoldene Locken und strahlende Augen, weiche gute Hände und leichte flinke Füße.

Und die Königin Sonne nannte es ***Zephyra*** und liebte es sehr. Und sie hielt ihr Wort, das sie den armen Menschlein gegeben hatte, und schickte Zephyra jedes Jahr einmal mit ihrem goldenen Feuerwagen über die Grenze ihres Reichs den wilden Brüdern entgegen; und wenn diese ihre schöne Schwester sahen und sie mit den weißen Händen über deren struppige Haare strich, wurden sie plötzlich sanft und blickten nicht mehr so wild und trotzig um sich.

Jedes Jahr ging Zephyra ihnen ein Stückchen weiter entgegen, bis sie auch dem König Sturm mit den schwarzen Hengsten begegnete. Da war der König sehr glücklich, als er sein schönes Kind sah, und küßte es und weinte vor Freude, und seine Tränen fielen wie fruchtbarer Regen auf die Erde. Und überall, wo Zephyra die Erde mit ihren leichten Füßen berührte, wurde es heller und wärmer, Blumen fingen an zu blühen, und Vögel sangen. So freuten sich alle Menschen auf die Zeit im Jahre, da sie zu kommen pflegte, und machten ihr ein großes Fest und wurden glücklich und gut unter ihren sanften Händen.

Und so schwebte Zephyra zwischen dem goldenen Schlosse der Königin Sonne und dem weißen Schlosse des Königs Sturm hin und wieder, bis sie aus Licht und Blumen zwischen den beiden Reichen eine Brücke gebaut hatte, auf der König Sturm und Königin Sonne einander ohne Angst begegnen konnten. Und da wurde es wunderschön auf der ganzen Erde. Und Zephyra blieb der Liebling der Menschen.

Der himmlische Sämann

Es war eine sanfte stille Sommernacht.

Ein kleiner Knabe lag in seinem Bettchen und sah in den dunkeln Himmel hinein, an dem tausend funkelnde Sterne flimmerten. Plötzlich fiel ein Stern herunter und dann noch einer und wieder einer, und mit einemmal stürzte ein ganzer leuchtender Sternenregen herunter.

"O wie schön," sagte der Knabe und setzte sich in seinem Bettchen auf; das hatte er noch nie gesehen, denn um diese späte Stunde schlief er sonst schon ganz fest und tief. Heute aber konnte er nicht schlafen, er hatte so viel zu denken. Wo war das Schwesterchen hergekommen, das heute morgen so plötzlich da war und in der weiß und goldenen Wiege neben Mütterchens Bett lag? Gestern war es noch nicht dagewesen. Wer hatte es gebracht? Oder hatte es doch Flügel und war hereingeflogen? Das wollte er wissen. Den ganzen Tag war er schon umhergegangen und hatte alle gefragt, die ihm begegnet waren. Aber jeder sagte etwas andres, und zuletzt war er ganz verwirrt im Kopf, und alle seine kleinen jungen Gedanken schwirrten wie aufgestörte Vögel um das Geheimnisvolle herum, das er nicht verstehen konnte und das ihn so quälte, weil niemand es ihm erklären wollte.

Zuerst hatte er die Nana gefragt, die ihm morgens mit leiser geheimnisvoller Stimme sagte: "Du hast ein kleines Schwesterchen bekommen."

Er sah sie mit großen erstaunten Augen an und fragte: "Wer hat sie gebracht?"

"Der Storch," sagte Nana.

Aber da mußte er lachen. Der Storch, den er so gut kannte, der auf dem Dache der Scheune nistete, oft auf einem Bein stand und sehr weise in die Welt schaute – wie sollte der ein Schwesterchen tragen und wo sollte der es wohl hernehmen!

Nana eilte sich sehr mit dem Ankleiden und schob ihn dann schnell in den Garten hinaus. "Spiel hier ein wenig, ich bringe dir deine Milch in die Laube."

Im Garten stand der Gärtner und band Rosen an den Stöcken fest. "Wo ist das Schwesterchen hergekommen?" fragte der Knabe ihn hastig.

Der alte Mann lächelte freundlich, sah dem Knaben in die großen fragenden Augen, hustete ein paarmal und antwortete: "Das hat Mütterchen aus dem Brunnen geholt."

"Aber", sagte der Knabe, "der ist ja so tief und dunkel und naß, da kann Mütterchen ja gar nicht hinein." Er sah den Alten so bittend an, aber der ging zu einem entfernten Rosenbeet und sagte nichts mehr.

Da erblickte er seinen Vater auf der Schwelle des Hauses. Er lief zu ihm hin. "O Vater, darf ich das kleine Schwesterchen sehen?"

"Ja, mein Junge, das darfst du, ich wollte dich eben rufen. Komm mit mir, aber sei ganz leise und still, Mütterchen schläft und Schwesterchen auch."

Behutsam schritten sie beide auf den Zehen in das halbdunkle Zimmer. Des Knaben Herz klopfte laut, und seine Gedanken waren voll Verwunderung und Fragen.

Da lag Mütterchen weiß und still im Bett. Das Schwesterchen wie ein süßes Püppchen mit ganz kleinem Näschen und Mündchen und dünnen roten Fingerchen lag auch still und schlief. Die ganze Stube war heute ganz anders als sonst. Etwas Geheimnisvolles fühlte man darin: dieses Schwesterchen, das gestern noch nicht da war und jetzt so plötzlich ganz selbstverständlich hier neben Mütterchen lag, als sei es immer dagewesen, und alles im Hause ging auf Zehen, vorsichtig und flüsternd, und alle schienen nur noch für das kleine Schwesterchen da zu sein, keiner hatte Zeit und Gedanken mehr für ihn. Er kam sich plötzlich so einsam vor.

"Woher ist das Schwesterchen gekommen?" fragte er den Vater.

Dieser nahm ihn sanft am Arm und führte ihn aus dem Zimmer. "Gott hat es uns geschickt," sagte er draußen zu ihm.

"Ist es in dem großen gelben Postwagen gekommen?" fragte der Knabe, das hätte er eher verstanden. Aber da sah er, wie ein schnelles Lächeln über das Gesicht des Vaters ging; dabei legte er seine Hand gütig auf des Knaben Kopf und sagte: "Nein, nicht im Postwagen – aber das verstehst du jetzt noch nicht."

Da wurde der Knabe sehr traurig, daß auch sein Vater ihm die Last des Geheimnisses nicht von der Seele nehmen wollte.

Langsam ging er wieder in den Garten zurück, und als er im Hofe die Mägde am Brunnen sah, lief er zu ihnen. "Hat das Schwesterchen Flügel?" fragte er.

"Nein, Flügel hat es nicht," sagten die Mägde.

"Kann es denn schon laufen?"

Da lachten die Mägde laut, steckten die Köpfe zusammen und flüsterten miteinander.

"Aber wo ist denn das Schwesterchen hergekommen?" sagte der Knabe zum Knecht, der eben vorüberging.

Der nahm die Pfeife aus dem Munde, spuckte auf den Boden und sah den Knaben lange an. "Na. wo wird es hergekommen sein, da, wo du auch hergekommen bist," sagte er lachend und ging seiner Wege.

Schwerer und schwerer wurde dem Knaben das kleine Herz. Wie ein Mühlrad ging's ihm im Kopf herum. Ja, wo war er denn hergekommen? Er war da bei Vater und Mutter, und es war so schön, da zu sein; aber einmal war er wohl auch so heimlich und plötzlich dagewesen, wie diese neue kleine Schwester. Ach, wenn er nur Mütterchen hätte fragen können, die wußte es sicher, aber sie lag im Bett und sah so bleich und müde aus. Ob daran wohl das Schwesterchen schuld war, ob es Mütterchen erschreckt hatte?

So sann er den ganzen Tag. Niemand kümmerte sich heute um ihn, alle schienen nur Augen und Ohren für die stille dunkle Stube zu haben. Einmal hörte er das Kleine darinnen schreien – da hielt er sich die Ohren zu und lief ins Feld und jagte nach Schmetterlingen, er wollte die Frage nicht mehr hören, die immer in seinem Kopfe herumging: wo ist das Schwesterchen hergekommen? Und nun lag er in seinem Bettchen und konnte nicht schlafen. Und da es so nachtstill ringsum war und er nichts andres sah und hörte, wälzte er sich auf seinem Bettchen hin und her und seufzte tief und dachte immer nur an das eine: wo ist nur das Schwesterchen hergekommen?

Da ging die Tür leise auf, und ein alter Mann trat herein.

Er hatte einen langen weißen Bart. Auf dem Kopfe trug er eine hohe rote Mütze, die mit allerlei wunderlichen Zeichen bestickt war in Gold und Edelsteinen. In der Hand hielt er ein großes goldenes Buch. – Der alte Mann trat an das Bett des Knaben und berührte leise seine Stirn.

"Ach, du bist es," sagte der Knabe und nickte dem Alten freundlich zu, denn er kannte ihn schon lange.

"Ich ging vorüber und sah, daß du noch nicht schläfst, da will ich dir meine Bilder zeigen," sagte Vater Traum und blätterte in dem goldenen Buch.

"Ach nein, heute nicht," sagte der Knabe, "heute will ich dich etwas fragen."

"Frag' nur, mein Kind."

"Woher ist das kleine Schwesterchen gekommen? Aber sag's so, daß ich es verstehen kann."

Da nahm Vater Traum seine hohe bunte Mütze vom Kopf, drehte sie einigemal in der Hand und sagte: "Hör' zu, mein Kind! Du weißt, dort oben über dem blauen Himmel wohnt der gute Gott, der die Menschen liebt und die Welt regiert. Viele Tausende von Engeln helfen ihm dabei. Eine Arbeit aber gibt er nicht aus der Hand, die tut er immer selbst. – Du hast doch schon gesehen, wie der Sämann übers Feld geht und die goldenen Samenkörner in die warme Erde streut, wo sie lange still liegen bleiben und wachsen, bis sie so stark sind, daß sie aus der Erde an die Sonne kommen. Siehst du, so geht der gute Gott nächtens über die blaue Himmelswiese und streut die goldenen Sterne in die Herzen der Mütter, die zu ihm um ein Kindlein beten."

Da lächelte der Knabe und sagte: "Ach ja. das sah ich eben. Eine ganze Menge goldener Sterne fielen herunter, da müssen viele Mütter um ein Kindlein gebetet haben."

"Und in jedes dieser betenden Herzen fällt ein Stern. Und jede Frau, die ihn in ihrem Herzen fühlt, wird plötzlich so voll Glück und Freude und geht zu einem guten Manne, den sie so lieb hat, daß sie ihn küssen kann und sagt zu ihm: ›Nun werden wir bald ein Kindlein haben.‹ Da fühlt auch der Mann eine große himmlische Freude, und beide fangen an zu sorgen, daß alles schön und gut im Herzen der Mutter ist, damit das Kindlein wie der Halm in der lieben Erde wachsen und gedeihen kann. Und Mann und Frau bauen eine Wiege und legen weiches weißes Linnen hinein, daß das Kindlein gut gebettet ist, wenn es so stark und groß geworden, daß es keinen Platz mehr unter dem Herzen seiner Mutter hat. Dann kommt eine schwere Stunde für die gute Mutter, denn das Kindlein zerreißt ihr das Herz, wie die Pflanze die Erde zerreißt, wenn sie ans Licht kommt."

"Aber das tut weh," sagte der Knabe.

"Ja, das tut weh, aber sieh, deshalb liebt die Mutter das Kindlein so sehr, weil es an ihrem Herzen gelegen und sie so viel Schmerzen um das Kind erduldet hat."

"Ach so," sagte der Knabe, "deshalb liegt Mütterchen im Bett und sieht so blaß aus und sagt kein Wort. Aber wird das Herz wieder ganz heil?"

"Ja, langsam, ganz langsam wird es wieder ganz heil," erwiderte Vater Traum.

"Habe ich auch im Herzen meiner Mutter gelegen?"

"Freilich, freilich, liebes Kind."

"Kann Gott nicht auch einen Stern in das Herz des Vaters fallen lassen?"

"Nein, mein Kind – der Vater hat keine Zeit, stille zu warten, wie die gute warme Erde wartet, bis die goldene Saat in ihrem Herzen reif wird für das Licht der Sonne; der Vater muß hinaus in die Welt und an die Arbeit, hat Sorgen und Gefahren zu bestehen. Aber Mütterchen kann still daheim bleiben und das kommende Kind in ihrem Herzen hüten, und dann muß sie es später noch lange an ihrem Herzen ernähren, wie die Würzlein der Pflanze Nahrung aus der Erde saugen. Verstehst du jetzt, wo Schwesterchen herkommt?"

"Ach ja," sagte der Knabe, und ihm war, als ob eine schwere Last von ihm genommen wäre. "Höre, lieber Vater Traum, werde ich auch einmal ein Vater werden?"

"Ja, das wirst du, wenn du stark und tüchtig genug bist, um für Mutter und Kind zu sorgen, daß sie Brot und Freude im Hause haben."

"Oh," sagte der Knabe und ballte seine kleinen Hände zu festen Fäusten, "ich will stark werden."

"Aber du mußt auch sehr gut sein, so gut, daß eine gute Frau dich gerne küssen mag."

"Oh, ich will sehr, sehr gut werden," flüsterte der Knabe mit leiser glücklicher Stimme.

Die Harfe des Spielmanns

Die Sonne brannte heiß auf das kleine Dorf. Die Leute standen gebückt im Felde und arbeiteten hart. Sie dachten nur an ihre Arbeit und ob das Futter für die Kuh reichlich genug sein würde und die Kartoffeln nicht wieder schlecht und wässerig geraten würden wie im vorigen Jahr, denn sie waren so arm, daß sie nichts andres denken konnten.

Der Himmel war wundervoll blau, und zarte, weiße Wolken schwebten langsam hoch über ihm dahin, und wenn man lange hinaufblickte, sahen sie aus wie lauter süße lachende Engelsköpfchen. Ein leiser Wind spielte mit den reifen Ährenfeldern, daß es aussah wie ein goldenes Meer, auf dem kleine Wellen leise hin und her schaukelten. Die Schwalben schossen wie silberne Strahlen durch die Luft. Am Rande des Feldes standen die Bäume schwer mit Früchten beladen. In dem Graben zwischen dem Feld und der Straße war es bunt von blühenden Blumen, und die Schmetterlinge schwirrten durch den süßen Duft, der von den Blumen herkam. Von der Mühle hörte man das fröhliche Rauschen des Baches, und wenn der Wind etwas schneller daherkam, brachte er den köstlichen Geruch von Reseden und Levkojen aus den kleinen Hausgärtchen des Dorfes mit, und dieser Duft war wie ein süßer glücklicher Traum für den, der eine Seele hatte, ihn zu fühlen.

Aber die Leute auf dem Felde hatten vor lauter Sorgen um das tägliche Brot vergessen, daß sie eine Seele hatten, und so war sie fast ganz eingeschlafen.

Am Wege aber zwischen Dorf und Feld lag ein Knabe im Grase. Der hatte eine weitwache Seele, die atmete den Duft der Blumen, fühlte die sanfte Bläue des Himmels, und im Spiele des Windes hörte sie eine feine süße Musik. Der Knabe sah auf die arbeitenden Leute und wunderte sich, daß sie sich immer zur Erde bückten, und wenn sie einmal einen Augenblick innehielten, wischten sie sich nur schnell mit der Hand den Schweiß von der Stirne und sahen nicht einmal zu dem tiefen blauen Himmel auf, an dem die Schwalben mit ihrem blitzenden Gefieder wie silberne Pfeile vorüberschossen.

Er lag auf dem Rücken und schaute mit großen Augen mitten in den blauen Himmel hinein. Ach, diese sanfte, weiche, unergründliche tiefe Bläue war allein schon etwas ganz Wundervolles. Wie wechselnde Träume zogen die Wolken darüber hin, jede anders und neu. Wie stolze Schwäne kamen einige dahergezogen, langsam und feierlich, andre flogen wie zerrissene Stücke eines feinen Schleiers vorüber, und wieder andre kamen wie geheimnisvoll verpackte Julklapp dahergeschwommen, aus denen dann allmählich wunderliche Gestalten herauswuchsen, Riesen mit langen Bärten und silbernen Hörnern, zarte Elfenköniginnen mit flatternden Locken, komische Tiere und Landschaften mit hohen Bergen und ganze Herden von rosigweißen Lämmern. Alles zog und schwebte vorüber und veränderte sich fortwährend und zerfloß wieder in das große sanfte Blau. Und des Knaben Gedanken zogen mit und schwebten hoch über der Erde und veränderten sich mit jeder Gestalt und zerflossen zuletzt in ein unaussprechliches Glücksgefühl. Immer und immer hätte er so liegen mögen und hinaufschauen in diese Herrlichkeit. Einer jener hohen Waldbäume drüben hätte er sein mögen, die so jahraus, jahrein fest im Boden standen und sich nicht zu rühren brauchten und immer höher hineinwuchsen in das blaue Wunderland da oben.

Aber plötzlich freute er sich doch, daß er nicht angewachsen war wie ein Baum, sondern aufspringen und dem Sonderbaren entgegengehen konnte, das da auf der Landstraße langsam daherkam.

Von weitem sah es aus wie eine hohe graue Säule. Als es näher kam, hatte es einen langen weißen Bart und war ein schöner alter Mann in einem langen grauen Mantel, der etwas Geheimnisvolles an einem Bande auf der Schulter trug, das in ein graues Tuch eingehüllt war.

Der Knabe ging im Graben an der Landstraße entlang, auf welcher diese ehrwürdige Gestalt mit feierlichen Schritten daherkam. Der Abendwind spielte mit dem weiten Mantel des Mannes und mit seinem langen Barte. Das hohe kahle Haupt hatte einen rosigen Schein von den goldenen Abendwolken. Dem Knaben dünkte, er sähe einen Strahlenkranz darum, wie die Heiligen ihn auf den Bildern in der Kirche hatten. Und je näher der

Mann kam, desto weiter und ehrfürchtiger wurde des Knaben Herz. In die Eintönigkeit seiner Welt trat da etwas ganz Neues und Fremdes, das aus unermeßlicher Ferne zu kommen schien. Er fand keinen Namen für diese seltsame Erscheinung, und seine kleine unwissende Seele suchte einen Platz, wo er sie hinstellen könne. Und plötzlich fiel ihm die seltsame Melodie jener fremden Namen ein, die er in der Schule von den ältern Knaben so oft gehört hatte. Jesaja, Jeremia, Hesekiel, Daniel, Jonas, Micha, Amos, Obadja, Habakuk, Zephanja. – Habakuk, das war der Sonderbarste von allen, so etwas Großes, Ernstes, Uraltes, von ganz weit Herkommendes, so etwas fühlte er, wenn er Habakuk sagte. Und da der Alte nun oben am Rande des Weges gerade über ihm war, rief er mit zitternder Stimme: "Bist du Habakuk?"

Der Alte hielt seinen Schritt an und sah sich nach der Stimme um. Als er den kleinen Knaben im Graben gewahr wurde, ging ein so sanftes gütiges Lächeln über sein altes Gesicht, daß es wie Sonnenschein war. Er reichte dem Knaben seine gute, weiche Hand hin und zog ihn hinauf an seine Seite.

"Bist du Habakuk?" fragte der Knabe wieder, und da er nicht gleich eine Antwort erhielt, fügte er hinzu: "Oder Zephanja – aber Habakuk ist schöner."

Die Seele des Alten erriet sofort, was in der Seele des Kindes vorging. Er legte seine Hand sanft und milde auf seine schwarzen Locken und sagte: "Ganz so weit aus der Ewigkeit, wo die großen Propheten leuchten, bin ich nicht, aber denke einmal an den König David mit der Harfe, den fühlst du doch viel näher an deinem Herzen, und ich bin einer seiner Brüder. – Und wer bist du, mein liebes Kind?"

"Ich bin Gottlieb, der Sohn der armen Witwe, und meine Mutter ist krank."

"Gottlieb ist ein schöner Name, und du mußt die Freude deiner Mutter sein. – Willst du mich nun ins Dorf führen? Habt ihr irgendwo einen schönen Lindenbaum, in dessen Schatten es wie Honig duftet und wo es sich gut träumen und singen läßt – dort will ich euch zum Feierabend meine Harfe tönen lassen."

"Ist das deine Harfe?" fragte der Knabe und rührte mit leisem scheuem Finger an das Geheimnisvolle, das der alte Mann auf seiner Schulter trug.

"Ja, das ist meine Harfe, sie bringt Freude in das Herz der Menschen. Komm, führe mich."

Ernst und schweigsam ging der Knabe neben dem Fremden her. Und ihm selbst wurde plötzlich seltsam fremd zumute, als käme auch er ganz weit her und führe an seiner Hand ein wundervolles Glück zu einem ganz fremden Ort. Der Spielmann setzte sich unter die duftende Linde und wischte sich den Wanderstaub von der Stirn. Dann nahm er einen goldenen Becher aus der Tasche seines Mantels und bat den Knaben, ihm einen Trunk frischen Wassers zu holen. Mit zitternden Händen brachte er ihm das klare Wasser, das im Abendsonnenschein wie feuriger Wein im goldenen Pokale funkelte.

Mit zärtlichen Händen, wie eine Mutter ihr Kindlein aus seinen Hüllen nimmt, nahm der Spielmann seine Harfe aus dem Tuche hervor. Er glitt mit der Hand über die goldenen und silbernen Saiten, und seine Töne wie rieselnde Bachwellen schwebten in die Luft. Dann spielte er eine sanfte süße Weise, daß es einem war, als sähe man bunte Blumen in der blauen Luft und tanzende Schmetterlinge.

Feierabend hatte es noch nicht geläutet. Aber als diese Töne zum Felde hindrangen, legten die Leute dort ihr Arbeitsgerät aus den Händen, lauschten verwundert nach der Linde hin, und einer nach dem andern wischte sich den Arbeitsschweiß von der Stirn und trat langsam wie im Traum immer näher zur lockenden Stimme der Harfe. Der Knabe sah mit Erstaunen, wie sich die ernsten, harten Gesichter der Leute veränderten, je länger sie dem Spielmann lauschten. Es war, als wache leise etwas Schönes in ihnen auf. Die Augen wurden groß, und ein warmes Licht leuchtete darin auf, die festgeschlossenen Lippen öffneten sich, und plötzlich sahen alle wie frohe Kinder aus. Und als der Spielmann eine Pause machte, traten sie zueinander und sahen sich in die Augen. Die Alten hatten einen merkwürdigen Glanz darin, als ob eine Träne herausgekommen wäre aus ihrer Seele. Die Jungen lächelten. Und dann sahen sie alle plötzlich, wie schön die Welt war.

"Sieh nur wie die Sonne leuchtet heute abend," sagte eine; "wie lauter Gold ist der Himmel," sagte eine andre.

"Riechst du den Duft von der Wiese?"

"Die Wolken glühen wie Feuer," so sprachen sie mit leisen glücklichen Stimmen zueinander.

Der Knabe blickte verwundert auf diese Menschen, die er immer nur stumm und ernst bei ihrer schweren Arbeit sah. Dann fing der Spielmann zu singen an:

Städte liegen im Abendschein,
Nebel hüllen die Berge ein.
Alle Arbeit ist nun getan,
Flügel wachsen der Seele an,
heimwärts trägt Sehnsucht sie himmelan.
Träume, Seele, von Schönheit und Glück,
Kehrst dann verjüngt zur Erde zurück.

Die Leute hockten sich ins Gras und schauten andächtig wie in der Kirche zum Himmel auf, und zwischen dem jungen Volke flatterten seltsame Blicke hin und her, wie junge scheue Vögel, die zum erstenmal aus dem Neste fliegen.

Als der Spielmann geendet hatte, sahen alle Augen zu ihm hin, und ohne daß die Leute ein Wort sagten, baten ihre Augen so laut um noch mehr, daß der Alte ein neues Lied begann:

Der König und die Königin
Sitzen mit mildem, frohem Sinn
Am Fenster im Schloß
Sie hält auf ihrem Schoß
Das junge, lachende Prinzelein,
Er setzt ihm auf die Locken fein

Ein kleines, güldenes Krönelein.
So schauen sie selig zum Fenster hinaus –
Und das Volk schaut fromm zu dem glücklichen Haus.

Oh, dachte der Knabe, so durch die Welt ziehen mit der Harfe und überall die Menschen so froh und schön machen, das muß köstlich sein, wenn doch nur Mira da wäre, ihre blauen Augen müßten herrlich aussehen, wenn sie dieses hörte; aber sie wohnte weit weg im Dorfe mit ihrem Vater und mußte die kleinen Geschwister hüten, denn ihre Mutter war tot.

Und ein Lied nach dem andern sang und spielte der Alte auf seiner tönenden Harfe, bis es Abend wurde und einer nach dem andern aufstand, um heimzugehen. Aber zuvor trat ein jeder zu dem Alten hin und reichte ihm stumm die Hand, und es war, als wollten sich die dankbaren Hände gar nicht loslösen von der guten Hand des Alten, die ihnen eine so schöne, schöne Stunde gegeben hatte. Ein junges Mädchen brachte ihm schüchtern einen Strauß, den sie eben gepflückt hatte, und der Wirt der Schenke reichte ihm ein Glas seines besten Weines und ein Stück frischen goldbraunen Brotes.

Der Alte dankte und labte sich.

Da fiel dem Knaben plötzlich ein, daß er zu seiner kranken Mutter heim müsse, ihr das kärgliche Mahl zu bereiten; er erschrak, daß er sie vergessen hatte. Du mußt deiner Mutter Freude sein, hatte der Alte gesagt, und da er sich seiner Vergeßlichkeit schämte, hatte er nicht den Mut, wie die andern zu ihm zu gehen, und er schlich sich leise zur Seite, aber seine Augen konnten sich kaum trennen von dem Gesichte des Alten, von dem ein stiller Glanz und Frieden leuchtete.

Dann lief er eilig heim zu seinem Mütterchen. Und mit glühenden Wangen und leuchtenden Augen erzählte er ihm von der Herrlichkeit, die er erlebt.

Die gute kranke Mutter sagte nicht, daß sie ihn schon eine ganze Stünde lang erwartet hatte, sie freute sich an seiner Freude und strich mit liebevoller Hand über seine heißen Wangen.

Die ganze Nacht konnte Gottlieb kein Auge zutun. Immerfort fühlte er die Töne der Harfe in seinem Herzen, und das Bild des greisen Spielmanns stand vor seinen Augen. Ach, so spielen zu können! So alle Menschen froh und glücklich zu machen, zu sehen, wie ihre Augen leuchteten, und plötzlich alles Schöne sehen, das in den Menschen war, und wenn sie nicht schön und gut waren, tat es ihm weh.

Aber er war noch zu jung, um zu wissen, daß seine kleine Seele die Flügel der Schönheit hatte, und so fühlte er nur eine große, große Sehnsucht, zum Himmel zu fliegen und über weite Meere und hohe Berge zu schauen. Und die Harfenklänge des Spielmanns hatten diese Sehnsucht plötzlich so stark in ihm geweckt, daß er keine Ruhe auf seinem Lager fand und immer wieder auf sein pochendes Herz lauschen mußte, das die neuen Lieder, die er gehört, nachsang und mit den süßen Tönen der Harfe wie mit bunten Perlen spielte. Als der erste weiße Schimmer des Tages in das kleine Fenster seiner Kammer hereinschien, stand er auf, kleidete sich hurtig an und lief hinaus. Irgendwo mußte der Spielmann doch im Orte Rast gemacht haben, in der Nacht würde er doch nicht weiter gewandert sein. Irgendwo würde er wohl noch einmal die Harfe spielen hören. Und so ging er durch das stille Dorf.

Alles schlief noch. Nur liebliche Vogelstimmen klangen in der Luft. So waren gestern die Klänge der Harfe in die Luft geflogen, denn die Harfe konnte singen wie die Vögel. Und sein Herz wurde immer größer vor Sehnsucht, noch einmal diese Töne zu hören.

Dreimal wanderte er durch das ganze, schlafende Dorf. Da endlich hörte er aus einem kleinen verfallenen Häuschen am Rande des Waldes leise süße Musik. Er lief hin, kletterte auf einen Baum, der seine Zweige über dem Häuschen ausbreitete, und sah durchs Fenster.

Da saß der alte Spielmann mit geschlossenen Augen vor seiner Harfe, und seine Hände glitten leise und vorsichtig über ihre Saiten hin, als suchten sie etwas. Gottliebs Herz klopfte so laut, daß er meinte, der Alte drinnen müsse es hören. Aber der blieb ganz ruhig und öffnete seine Augen nicht.

Da lehnte sich Gottlieb behaglich in den starken Ästen des duftenden Baumes zurück, schloß auch seine Augen, und seine sehnsüchtige Seele lauschte mit glücklicher Wonne auf jeden Ton.

Die zaghaften Klänge wurden allmählich lauter, und plötzlich war es ein ganz wundervolles Lied, das aus der Kammer des Spielmanns zu ihm herausströmte, und das Lied trug einen ganzen Schatz leuchtender Bilder auf seinen Flügeln. Er sah den Sommerwind mit den Ähren spielen, die Blumen am Rande des Baches blühen, fühlte die gute Hand seines Mütterleins auf seiner heißen Stirne, und plötzlich waren Miras goldene Locken und blaue, lachende Augen so nahe neben ihm, daß er die seinen rasch öffnete und sehr erstaunt war, sie nicht zu finden. Da hörte das Lied auf.

Gottlieb erschrak, denn er hatte ganz vergessen, wo er war; in seinem Schrecken machte er eine ungeschickteBewegung, daß er fast vom Baume gefallen wäre; er hielt sich nur noch schnell an einem Aste fest und sprang zur Erde.

"Hast du dir weh getan?" fragte die Stimme des Alten am Fenster.

"Nein," sagte Gottlieb.

"Was wolltest du hier, mein Kind?"

"Ach, ich wollte Eure Harfe hören, ich habe die ganze Nacht an sie gedacht, und da lief ich durchs Dorf, bis ich sie hörte, und damit ich ganz nahe war, kletterte ich auf den Baum."

"Komm herein zu mir, mein Kind, dann will ich ganz allein für dich etwas spielen."

Mit zitternden Händen öffnete Gottlieb die Tür und trat ein. Und der Alte spielte ihm etwas so Wunderschönes, daß ihm war, als stünde er am Throne Gottes und die Engel musizierten um ihn her. Er faltete die Hände, und aus seinen Augen strömten Tränen, ohne daß er's wußte, und er erfuhr zum erstenmal, daß man aus Freude und Glück weinen könne.

Als der Alte geendet hatte, legte er seine gute Hand auf des Knaben Haupt und sagte: "Du liebst die Schönheit, mein Kind, du wirst einst auch ein Spielmann werden und die Menschen glücklich machen mit deinen Liedern."

Da fiel der Knabe vor Freude und Schrecken auf die Knie. "Aber ich habe keine Harfe," sagte er dann traurig.

"Auch wenn du eine hättest, könntest du sie noch nicht spielen, dazu mußt du erst des Lebens Schwere und Bitternis gefühlt haben, und dein Herz muß geweint haben."

Der Knabe sah den Alten ernst an und verstand ihn nicht.

"Sieh', ich bin alt, mein Kind, und nicht mehr viele Jahre, dann werde ich mein Wandern und Spielen aufgeben müssen, dann werde ich dir meine Harfe schenken; eines Tages, da du es am wenigsten denkst, wird sie zu dir kommen."

Der Knabe konnte kein Wort sagen, so schwer war ihm das Herz vor Freude. Er neigte sich über die Hand des Greises und küßte sie mit seinen jungen dankbaren Lippen.

"Leb' wohl, ich ziehe meines Weges, wir sehen uns nicht wieder. Und vergiß nicht, an dem Tage, da dein Herz geweint hat, wirst du die Harfe spielen können; der Geist meiner Lieder wird dann mit dir sein, und sage niemandem ein Wort darüber, bis du spielen kannst."

Wie im Traume wandelte der Knabe heim. Und sein glückliches Geheimnis trug er fortan wie einen königlichen Schatz in seinem Herzen.

Aber eines Tages wurde es ihm zu schwer, das Geheimnis allein zu tragen, da erzählte er sein Erlebnis mit dem Alten dem kleinen Mädchen, mit dem er am liebsten spielte, und die mit ihrem alten Vater neben seinem Häuschen wohnte.

Mira schüttelte die goldenen Haare, und ihre blauen Augen lachten. "Oh, das ist ein schönes Märchen, das du mir erzählst," sagte sie, "oder hast du es geträumt?"

Er aber wurde böse, daß sie es ihm nicht glauben wollte. "Ich schwöre dir, es ist so, wie ich dir gesagt habe."

Mira lachte noch lauter und lief davon.

Da ging der Knabe zu seiner Mutter, die saß am Rocken und spann und sang ein kleines Lied vor sich hin.

Sie wird mir glauben, denn sie liebt die Lieder, dachte Gottlieb, und er ging ganz nahe zu ihr hin und erzählte ihr von seinem Geheimnis. Da sah ihn die gute Mutter mit warmen Augen an und lächelte sanft und sagte: "Wunderschön kannst du träumen, mein Kind." – Und er fühlte, daß auch sie seine Worte nicht glaubte, und da war ihm plötzlich, als habe er dies alles wirklich nur geträumt, und sein Herz wurde ihm schwer, und er weinte bitterlich.

Und dann geschah es, wie der Alte zu ihm gesagt hatte, eines Tages, da er gar nicht daran dachte, kam die Harfe zu ihm. Das alte Krautweib aus dem Walde kam keuchend damit angehinkt und sagte, ein Bote des sterbenden Spielmanns habe sie ihr gebracht und schicke sie dem Knaben.

Da sah die Mutter verwundert ihr Kind an und küßte es mit Tränen in den Augen. Der Alten aber gab sie das einzige Kleinod, das sie besaß, zum Lohne.

Mit zitternden Händen trug der Knabe die Harfe in seine Kammer. Und jede freie Stunde versuchte er, mit seinen kleinen schwachen Händen die silbernen und goldenen Saiten in jene schwingende Bewegung zu bringen, mit welcher der Spielmann scheinbar so leicht seine herrlichen Klänge über die lauschenden Herzen hatte hinströmen lassen. – Aber die Harfe blieb stumm unter seinen Händen.

Da fiel ihm ein, daß der Alte etwas zu ihm gesagt hatte, was ihm zum Spielen der Harfe nötig sei. Er besann sich lange. Etwas vom bittern Leben und von Tränen war es gewesen, aber genau wußte er es nicht mehr. Doch das Leben dünkte ihm gar nicht bitter. Draußen schien die Sonne, und in der engen Kammer waltete die Liebe seiner Mutter, es war warm um ihn her, und das Leben würde wohl so wie eine stille Melodie weitergehen, glaubte er.

Aber wenn Tränen nötig waren, um die Harfe spielen zu können, so wollte er es doch versuchen, traurig zu sein und zu weinen. Und er ging umher und suchte einen Grund für eine Traurigkeit, die er nicht fühlte.

Daß sein Lehrer oftmals mit ihm unzufrieden war, empfand er im Augenblick der Strafe hart, aber er fühlte keine Schuld dabei, daß seine Gedanken lieber wie freie Vögel umherflogen statt bei den Worten des Lehrers zu bleiben, und er lernte eifrig seine Aufgaben, aber immer wieder vergaß er sie ganz schnell. Nur wenn eine Geschichte erzählt wurde oder Bilder gezeigt und Gedichte gelernt wurden, da tat er aus voller Seele mit. Und wenn des Lehrers Geige nicht so rauh geklungen hätte, wäre er glücklich gewesen, sie zu hören; so aber tat sie ihm weh in den Ohren und im Kopf, am ganzen Körper, daß er nicht ruhig sitzen konnte und Hände und Füße angstvoll hin und her bewegte.

Einmal konnte er es gar nicht aushalten und hielt sich die Ohren zu. Aber da war der Lehrer so böse geworden und hatte ihn geschlagen. Und seit er nun gar die Harfe des Spielmanns gehört hatte, konnte er zu den Tönen dieser Geige nicht mehr singen.

So fürchtete er sich immer vor der ersten halben Stunde in der Schule, und sein Herz war schwer, und da nahm er sich nun vor, zu Hause diese Qual und Schwere lange und herzlich auszuweinen, um die geliebte Harfe dann wieder zu berühren; vielleicht daß es dann kam, daß er spielen konnte.

Aber wenn die Schule aus war und er in die frische Luft hinauskam und zu Hause Mütterchens gute Augen sah, hatte er allen Kummer vergessen und dachte nicht mehr daran, daß er weinen wollte.

Doch einmal hatte er seine Vogelpfeife verloren, die er sich selbst geschnitzt hatte, da weinte er wirklich. Und mitten dabei fiel ihm ein, daß er nun die Harfe probieren müsse; er lief mit den Tränen auf seinen Wangen hin und legte seine Hände auf die Saiten, wie er es bei dem Spielmann gesehen hatte, aber es kam kein Ton. Noch einigemal versuchte er es, bei seinen kleinen Schmerzen die Macht seiner Tränen an der Harfe zu erproben, aber immer blieb sie stumm. Da wurde er böse und trug sie in einen dunkeln Winkel oben unter dem Dache, und bald legten sich Staub und Spinnenweben auf ihre stummen Saiten. –

Und dann kam die Zeit, wo er sich für eine Arbeit entscheiden mußte, um sich sein tägliches Brot zu verdienen. Lange wußte er nicht, was er am liebsten werden möchte. Endlich beschloß er, Anstreicher zu werden. Das war so lustig, mit Farben zu tun zu haben und hübsche Muster an Wände und Decken zu malen. Und plötzlich regte sich die Lust in ihm, hinauszuziehen in die weite unbekannte Welt, die da draußen lockte mit so viel Neuem und Schönem.

Als er dann aber Abschied nahm von seinem Mütterchen, der zwei schwere Tränen aus den guten Augen fielen, da tat ihm zum erstenmal sein Herz weh. Und dann hatte er auch Miras Hände zum letztenmal in den seinen und küßte noch einmal ihre jungen Lippen vor seiner Wanderung in die weite Welt; er versprach, immer an sie zu denken und oft zu schreiben, und auch aus ihren immer lachenden Augen sprangen heiße Tränen, und da fühlte er einen bittern Schmerz in seiner Seele.

Und seine Füße gingen zum erstenmal langsam und schwer ihres Weges, denn das Abschiednehmen ist wie die erste Ahnung vom Tode, die über das junge Herz kommt.

Doch als er erst mitten im Gedränge und Lärm des neuen Lebens in der großen Stadt war, vergaß er seinen Schmerz und stürzte sich in die lockende Flut all der neuen Herrlichkeit und konnte des Staunens und Freuens kein Ende finden.

Alles lernte er kennen, was es in der großen Stadt Schönes und Lustiges gab. Aber auch das Arge und Traurige darin blieb ihm nicht fern, wenn er Arbeit hatte und Geld, war er froh mit den Fröhlichen und zechte auch mit solchen, die nicht gut und fromm waren. Hatte er keine Arbeit und kein Geld, so mußte er Hunger leiden, und die Menschen verließen ihn, weil es keine wahren Freunde waren, sondern ihn nur liebten, wenn er mit ihnen lustig war und ihre Zeche bezahlen konnte. Da hatte er manche Stunde, wo er die Schwere und Bitterkeit des Lebens erkannte. Und immer weiter wanderte er in die Welt hinein und vergaß darüber sein kleines Dorf und sein Mütterchen daheim und auch die Tränen, die Mira beim Abschied um ihn geweint hatte. Denn sein junges, unkluges Herz fand überall so viel Schönes und vergaß schnell jeden Kummer wieder, sobald die Sonne über ihm lachte und er klingende Pfennige in seinem Beutel hatte und andre junge Augen ihn so freundlich anlachten, wie früher Mira es getan.

In der ersten Zeit hatte er noch viel an sie gedacht und manchen erübrigten Groschen an sein Mütterchen heimgeschickt. Aber später hatte er selbst so viel Geld nötig und auch alle Gedanken, um das große Leben zu verstehen und zu genießen, und dabei wurde sein gutes Herz hart und vergaß jene, die immer so gut zu ihm gewesen waren.

Da eines Tages kam plötzlich ein Brief von Mira zu ihm, und sie schrieb ihm, daß sein Mütterchen schwer krank sei vor großem Kummer, nachdem sie so lange, lange auf sein Kommen gehofft und sich nach ihm gesehnt habe; wenn er sie noch sehen wollte, solle er gleich heimkehren. Und weiter sagte sie, sie habe nun den roten Peter gefreit, der sie schon immer gewollt; da sie nie mehr Antwort auf ihre Briefe bekommen habe, wußte sie, daß er sie vergessen hätte, aber sie sei nicht froh in ihrem Heim, denn ihr Herz habe immer ihm gehört, mit dem sie die schöne Zeit ihrer Jugend verlebt.

Gottliebs Herz wurde ihm schwer wie ein Stein in der Brust. Sein liebes Mütterchen krank und konnte jeden Augenblick sterben – nein, das durfte nicht sein.

Er machte sich eilig auf den Weg, ob er nicht noch dem Tode zuvorkäme mit seinen jungen flinken Beinen. Daß Mira, seine liebe lustige Mira nun auch einem andern gehörte, konnte er gar nicht ausdenken, denn tief im Herzen war ihr Bild noch nicht verschwunden.

Und als er endlich in sein kleines Heimatdorf zurückkam, war sein Mütterchen gestorben.

Er sah nur noch ihr weißes, kühles Angesicht, das nie mehr wieder für ihn lächeln sollte. Da fiel er an ihrem Lager auf die Knie und weinte bitterlich.

Und als man sie in die Erde gebettet hatte, da weinte er die ganze Nacht hindurch in seiner einsamen kleinen Kammer. Und dann sah er Mira mit dem roten Peter nebenan ein und aus gehen. Ihre blauen Augen lachten nicht mehr, und als er sie grüßte, sah sie ihn so traurig an, daß es ihm wie ein Messer durch das Herz ging.

Er konnte es nicht lange aushalten, hier, wo er einst so glücklich war, alles so verändert zu finden und dabei zu wissen, daß es seine eigne Schuld war. Und so verschenkte er die wenige Habe, die im Häuschen war, und rüstete sich zu einer neuen Wanderung in die Welt.

Traurig ging er durch die engen Räume der Hütte und nahm mit seinen Augen Abschied von allem darin.

Da fielen seine Blicke auf die Harfe, die voll Staub und Schmutz in ihrem Winkel stand. Mit einem Schrei der Freude griff Gottlieb nach ihr, und plötzlich fielen ihm hell und klar die Worte des alten Spielmanns ein: "Wenn du mit deinem Herzen geweint hast, wirst du die Harfe spielen können".

Und er fühlte, daß er durch Schmerz und Schuld reif geworden war, diese Worte zu verstehen.

Mit zitternden Händen berührte er die Harfe, und siehe, unter dieser Berührung fing sie an zu tönen, so wundervoll schmerzlich und heilig schön, daß ein neues Gefühl in seine leidvolle Seele einzog. Und er spielte und spielte und konnte nicht müde werden all der süßen Melodien, die unter seinen Händen hervorkamen und seine kleine Kammer mit strahlender Schönheit füllten. –

Als er endlich seine Augen aufhob, merkte er, daß viel Volk draußen vor seinem Fenster stand und seinem Spiele lauschte.

Und als er zu ihnen hinaustrat, sah er, daß ihre Augen vor Freude und Glück strahlten, und sie reichten ihm die Hände mit stummem Danke, wie es damals dem alten Spielmann geschah.

Da wurde es ihm wundervoll friedlich und feierlich in seinem Herzen, als habe Gott seine Schuld von ihm genommen und ihm eine große Gnade gegeben, mit welcher er fortan die Menschen glücklich machen konnte durch die göttliche Macht der Musik.

Und so zog er durch die Welt mit seiner Harfe, überall mit Freuden empfangen und mit Dank überschüttet, bis auch er alt wurde und seine Harfe einer andern jungen Seele gab, die er einmal unter vielen hundert Menschen gefunden hatte.

Die sieben Königstöchter

Ein alter König, der sehr lange und weise über sein Volk geherrscht hatte, war es nun endlich müde, immer weise zu sein und herrschen zu müssen und wollte so gerne die wenigen Jahre seines Lebens, die ihm noch übrig waren, ruhig und still Sommers in seinen schönen Gärten sitzen und sich an dem Blühen und der Fruchtbarkeit der Erde freuen und im Winter die leuchtenden Sternenbilder am Himmel beobachten, wozu ein König, solange er die schwere Krone tragen muß, keine Zeit übrig hat.

Deshalb sagte er zu seinem Sohne: "Nimm meine Krone und mein Szepter und suche dir unter den Töchtern der Königshöfe im Lande ein schönes Weib, und ich will vom Throne unsrer Väter herabsteigen und dir den Weg frei machen zu ihm."

"Ja," antwortete der Königssohn, "wenn du mir die rechte Königin findest, dann will ich wohl König sein."

"Das wird nicht schwer sein," sagte der König. "Ich sende meine Boten an die Höfe im Lande und lasse die Königstöchter hierher entbieten, und da wirst du finden, was du brauchst."

"Aber," entgegnete der Prinz, "nur solche sollen kommen dürfen, die eine besondere Gabe haben, eine besondere Kunst kennen. Denn ich sah ihrer viele auf meinen Wanderungen durch das Land, aber keine war darunter, die mich mit etwas Besonderem, das sie an sich hatte, so bezwingen konnte, daß ich zu ihr hinknien möchte und sagen: Willst Du meine Königin sein?"

"Unter den vielen Töchtern der Könige wirst du schon eine solche finden," sagte der König.

"Aber wenn ich sie nicht finde, dann bitte ich dich, bleibe noch eine Weile auf dem Throne, denn ohne Königin ist mir die Last der Krone zu schwer."

"Fürchte nichts, die Frauen, die herkommen werden, werden alle schöne Locken und lachende Augen haben, und es wird dir schwer fallen, unter ihnen zu wählen."

"Ich will etwas andres als schöne Locken und lachende Augen," sagte der Prinz traurig.

"Was ist es, was du dir an der Königin wünschest?" fragte der alte König.

"Sagen kann ich das nicht, aber wenn sie es hat, werde ich es erkennen."

So sandte denn der alte König seine Mannen an die Königshöfe der Nachbarländer und ließ ausrufen, daß alle Königstöchter, die irgendeine besondere Gabe hätten, sich zum großen Tage des Frühlingsfestes an seinem Hof versammeln sollten, da der Prinz, sein Sohn, sich eine Königin wählen wolle.

Und als nun der festliche Tag gekommen war, lud der König sein Volk in die herrlichen Gärten seiner Burg, damit es Zeuge sein sollte bei der Wahl der Königin und der Mutter des Volkes.

Die Gärten waren voll Sonnenschein und Blumen. Die Nachtigallen sangen, und der Himmel war so blau wie die duftenden Veilchen im Grase. Goldene Wagen, mit weißen Rossen bespannt, fuhren vor das Schloß des Königs, und der Kämmerer hob die schönen Prinzessinnen aus ihren Wagen und führte sie in den Garten, wo der König und der Prinz und alles Volk schon versammelt waren.

Der König saß auf einem goldenen Stuhl unter einem purpurnen Sonnendach, ihm zur Seite auf silbernem Schemel der Prinz. Um sie herum waren die Großen des Königshofes versammelt.

Dem Königssitze gegenüber waren auf kostbaren Teppichen sieben Sitze aus Elfenbein aufgestellt für die sieben Königstöchter, die aus den fernen Landen für die Brautschau erwartet wurden.

Als der Kämmerer nun die Jungfrauen zu ihren Sitzen führte, ertönte eine wundervolle Musik von des Königs Spielleuten, und alles Volk, das sich ringsum gelagert hatte, erhob sich und blickte neugierig und staunend auf die sieben schönen Mägdelein, von denen eine seine Königin werden sollte. Sie flüsterten miteinander und versuchten zu raten, welche es wohl sein würde, und jedem wollte eine andre besser gefallen als seinem Nachbar.

Da erhob der König seine Hand, und die Spielleute verstummten. Und er gab dem Kämmerer ein Zeichen, und dieser ging zu der ältesten der Prinzessinnen und führte sie zu dem Sitz des Prinzen.

"Sag' mir, welcher besonderen Kunst du dich rühmen kannst," sagte der Prinz und sah ihr in das schöne Angesicht.

Die Prinzessin öffnete den Deckel des goldenen Körbchens, das sie in der Hand trug, und nahm ein duftendes goldgelbes Brot heraus und sprach: "Sieh, dieses Brot habe ich selbst gebacken, sieh, wie weiß und locker es ist. Niemand in meines Vaters Reiche kann es so gut bereiten wie ich."

"Die Gabe genügt mir nicht," sagte traurig der Prinz, "meine Königin braucht kein Brot zu backen, sie muß besseres können."

Die Prinzessin machte böse Augen und ließ sich von dem Kämmerer an ihren Platz zurückgeleiten.

Die zweite Königstochter verneigte sich vor dem Prinzen und antwortete auf seine Frage: "Sieh, dieses Gewand, das ich trage, und den Schleier, der mein Haupt bedeckt, das habe ich selbst gesponnen und gewebt. Keine Frau in meines Vaters Reich kann so zarte Fäden spinnen und so kostbare Gewänder fertigen."

"Zeige mir deine Hände," sagte der Prinz, und da er sie sah, sprach er: "Die Hände meiner Königin müssen weich und weiß sein – spinnen und weben können meine Dienerinnen."

Die Prinzessin wurde rot vor Zorn, als der Kämmerer ihr die Hand reichte, um sie wegzuführen.

Die dritte Königstochter kam mit stolzen Schritten zu dem Sitz des Prinzen: "Gib mir dein wildestes Pferd," sprach sie und sah ihm kühn in die Augen, "ich reite es dir zu, daß es sanft wie ein Lamm unter deinen Händen geht."

Der Prinz fühlte ihren Blick scharf wie den Stoß eines Raubvogels. "Nein," sagte er, "meine Rosse reite ich mir selbst so zu, wie ich sie haben will."

Die Prinzessin warf den Kopf in den Nacken und wandte sich ab.

Die vierte war stark und schlank wie ein Knabe und sprach zum Prinzen: "Willst du mich auf deine Jagden mitnehmen, sieh, meine Pfeile sind sicher wie der Stoß deines Falken, und sie fliegen so weit, daß kein fliehend Wild ihnen entkommt."

"Oh," sagte der Prinz, "meiner Königin soll das Herz weh tun, wenn sie das brechende Auge eines Tieres sieht."

Da lachte sie hart auf und kehrte ihm den Rücken.

Der alte König wurde unruhig und sah angstvoll auf die fünfte Königstochter, aber sie war so wunderschön, daß er hoffte, sie würde endlich des Sohnes Herz bewegen.

"Darf ich dir ein Lied singen?" sagte sie mit glockenheller Stimme zu dem Prinzen. Dieser nickte, und sie begann zu singen, und das Volk lauschte entzückt, die Springbrunnen hielten in ihrem Falle inne, die Vögel flogen in Scharen herbei, die Nachtigallen fingen an zu schlagen – und man wußte nicht, welche Stimme die schönste war.

Der Prinz freute sich an dem Lied. Er reichte der Prinzessin die Hand und sagte: "Ich danke dir für dein Lied, dein Gesang ist wunderschön – aber meine Königin muß noch andres können als das."

Die Königstochter wurde sehr traurig und ging zurück zu ihrem Platze.

"Oh," sagte der alte König zu seinem Schwertträger, "ich sehe, ich werde noch keinen Feiertag bekommen."

Da hörte er ein fröhliches Lachen, und als er aufsah, stand die sechste Königstochter vor seinem Sohne und sprach mit lachender Stimme: "Soll ich dir meine Geschichten erzählen, und willst du mein Lachen um dich haben, so wirst du nie mehr traurig sein. In meines Vaters Reiche drängen sich Ritter und Frauen um meinen Stuhl, wenn ich zu erzählen beginne. Ich lache den ganzen Tag, und es gibt nichts, das ich nicht so wenden könnte, daß, wer es hört, laut auflachen muß."

"Das ist sehr schön," sagte der Königssohn traurig, "aber es gibt auch Tränen in der Welt."

"Tränen," rief die Prinzessin, "was ist das, die kenne ich nicht, das ist gewiß etwas Häßliches, wovon man alt und grau wird – Lachen macht jung und froh –, und ich will immer jung und schön sein, und auch du wirst es immer bleiben, wenn du mich neben deinem Throne hast."

"Ja, du bist schön, und dein Lachen macht jung und froh, aber ein König muß auch Tränen sehen und verstehen können, und seine Königin muß ihm helfen dazu."

Da lachte die Prinzessin hell und laut und ein wenig höhnisch, denn sie war gekränkt, daß der junge schöne Prinz sie nicht haben wollte.

"So weine denn mit den Traurigen," rief sie, "ich will mein Leben hüten für einen andern, der es als einen Schatz zu würdigen weiß." Und dann ging sie langsam und still zu ihrem elfenbeinernen Stuhl zurück, denn der junge Königssohn hatte ihr gefallen, und sie wäre gar gerne seine Königin gewesen.

"Oh, oh," seufzte der König, "nur noch eine, die allerletzte, mir geht es sicher schlecht mit meiner Sehnsucht nach dem Frieden meiner Gärten." Und er spähte nach der siebenten Königstochter aus, denn sie war seine letzte Hoffnung.

Diese aber saß still und verzagt auf ihrem Platze und rührte sich nicht. Auch der Prinz blickte wartend zu ihr hin, und da er sie so still mit gesenkten Augen sitzen sah, wurde auch er verzagt und dachte: ich sagte es ja, für mich ist keine Königin zu finden.

Und da sie gar nicht kam, schickte der alte König seinen Marschall zu ihr und bat sie, doch näher zu kommen und von ihrer Gabe oder Kunst zu ihnen zu sprechen. Sie erhob sich und kam langsam wie im Traume näher. Demütig stand sie vor dem Prinzen und wagte nicht, ihn anzusprechen. Die sechs Prinzessinnen reckten die Hälse und sahen spöttisch zu ihr hin. Das Volk lauschte ängstlich, was sie endlich sagen würde, und fürchtete, der Prinz und das Land blieben nun wieder ohne eine Königin.

"Was kannst du mir sagen?" sprach endlich der Prinz. "Zeige mir deine Gabe, wie die andern taten."

"Ach," sagte die Königstochter und errötete lieblich, "ich habe eine Gabe und das ist etwas Wundervolles und Herrliches, aber sprechen kann ich davon nicht, sie liegt so tief in meinem Herzen, und ich weiß nicht, wie ich es Dir zeigen soll."

"Versuche es doch," drängte der alte König.

"Sieh mich an," sagte der junge Prinz.

Da erhob sie endlich ihre Augen, und der Prinz erschrak vor Glück und Freude über das wundervolle Leuchten, das darin war, und er fühlte, es müsse etwas über alle Maßen Schönes um ihre Gabe sein. Und er flehte dringend: "Sprich, sprich, ich bitte dich." Aber sie schwieg hilflos und bange, denn das, was sie Köstliches in ihrem Herzen trug, wollte sich nicht in Worte fassen lassen.

Ringsum war eine große Stille und ein banges Lauschen. Plötzlich erklang mitten in die Stille hinein das laute Weinen eines Kindes aus der Menge, das im Gedränge seine Mutter verloren hatte. Da erwachte die Prinzessin wie aus tiefem Traume und streckte die Arme nach dem Kinde aus, und ein Lächeln, schön wie der junge Morgen, breitete sich über ihr Angesicht, und des Prinzen Augen hingen staunend und glücklich an ihren Zügen.

Der alte König winkte seinem Kämmerer und flüsterte ihm etwas ins Ohr. Der ging und nahm das weinende Kind auf seinen Arm und trug es zum Königshügel hinan. Er brachte es zu den sechs Prinzessinnen auf den elfenbeinernen Stühlen und frug eine jede, ob sie es nehmen wolle. Aber keine von ihnen wollte es.

"Oh," sagte die eine, "das Kind ist mir zu schwer, ich kann es nicht halten."

"Es ist mir zu schmutzig," sagte die zweite und verzog das Gesicht.

Die dritte hielt sich die Ohren zu und sagte: "Oh, oh, ich kann das Schreien nicht hören."

"Was für ein häßliches Gesicht es macht," sagte die vierte, "nein, ich kann es nicht nehmen."

"Pfui, es hat ja nackte Füße," sprach die fünfte.

Die sechste lachte laut auf. "Sie weint – wie gräßlich," sagte sie und drehte dem Kämmerer den Rücken zu.

Aber die siebente Prinzessin stand noch immer mit ausgebreiteten Armen und schaute sehnsüchtig nach dem weinenden Kinde hin. Und als der Kämmerer es ihr endlich brachte, streckte sich das Kindlein der Prinzessin entgegen und hörte auf zu weinen. Diese nahm es mit zärtlicher Bewegung an ihr Herz, sah ihm in die jetzt lachenden Augen, und ein Strom von Güte und Liebe lag wie Glanz und goldenes Leuchten auf ihrem schönen Angesicht.

Da erhob sich der junge Prinz von seinem Sitze, beugte das Knie vor ihr und sprach laut und feierlich: "Du hast die himmlische Gabe der Liebe – du sollst meine Königin sein."

Und alles Volk rief laut und jubelnd: "Heil unsrer Königin – Heil unserm Königspaar."

Der alte König atmete auf, nahm seine schwere Krone vom Haupte und legte sie in die Hand seines Sohnes.

Im Frühling

Die Wiesen duften, es weht der Wind,
Und tausend Vöglein kamen –
Kommt her, ihr Kindlein, geschwind, geschwind,
Der Frühling ruft eure Namen.
Kommt her und seht die Wunder an,
Die er ringsum euch zeigen kann,
Schaut in die goldene Herrlichkeit,
In all das Blühen weit und breit!

Engel und Teufel im Telephon

Die kleine Lilli lag in ihrem weißen Bettchen und hatte den kleinen rosigen Daumen im Munde.

Es war so stille ringsherum. Nichts rührte sich, denn es war die Stunde, da Papa und Mama ihre Mittagsruhe hielten. Und auch Lilli sollte eigentlich ihre blauen Äuglein fest zu haben und von dem Christkind träumen, das schon anfing, in der blauen Himmelsküche seine süßen Weihnachtskuchen zu backen, denn viel Mehl- und Zuckerflocken ließ es eben langsam auf die Erde fallen, damit die Kinder da unten wüßten, daß es nun hohe Zeit war, recht gut und artig zu sein.

Aber Lilli hatte kein gutes Gewissen, und deshalb konnte sie nicht vom Christkind träumen. Sie mußte immer wieder darüber nachdenken, ob es wohl das Christkind gemerkt hätte, daß sie neulich in der Küche, als die Köchin eben nicht darin war, ein kleines Kuchenherz vom Teller genommen, und dann hatte sie gesagt, es sei Mussi, das Kätzchen, gewesen. "Na, na," hatte die Lina gesagt, "das Christkindchen wird es schon wissen, wer es war,"

Ob es das wirklich wußte? Aber vielleicht hatte es die Sache doch wieder vergessen, es hatte ja jetzt so viel zu tun. Es wäre so schön, wenn das liebe Christkind es vergessen hätte, denn Lilli hatte eine wundervolle Puppe gesehen an dem großen Schaufenster in einem Laden, wo das Christkind alle seine schönen Sachen hinschickte, damit die braven Kinder sich etwas Schönes aussuchen und auf den Wunschzettel schreiben konnten.

Eine so wundervolle, große Puppe mit langen blonden Locken; sie lag in einem reizenden Wagen, unter einer himmelblauen seidenen Decke, auf einem weißen Spitzenkissen und hatte ein kleines silbernes Glockenspiel in der Hand und konnte die Augen auf- und zumachen. – Ach, diese Puppe im Wagen auf der Straße zu schieben, wie wundervoll mußte das sein! Und sie sollte Mimi heißen, wie Tante Lores kleines süßes Baby, das auch in einem Wagen lag und eine blaue Decke hatte,

Lilli seufzte tief auf, faltete die kleinen Hände und betete: "Ach, liebes Christkind, gelt, du hast es ganz vergessen?"

"Du mußt an das Christkind schreiben," hatte Mama gesagt, "vielleicht denkt es dann an deine Puppe, wenn es nicht zuviel zu tun hat,"

Ach, dachte Lilli, da kommen jetzt so viele Briefe an das Christkind, und der Weg zum Himmelshaus, wo es wohnt, ist so weit. Wenn ich es nur einmal selbst sehen und sprechen könnte. – Aber sie hatte schon jeden Abend gewartet, ob es nicht zu ihr hereinkäme, wenn es jetzt so in den Häusern herumging und den guten Kindern etwas in die Schuhe steckte, die sie ans Fenster stellten, aber es war noch nicht gekommen.

Plötzlich richtete Lilli sich im Bettchen auf und wurde ganz rot vor Freude. Sie hatte einen Einfall. Ich will mit dem Christkinde am Telephon sprechen. Papa sagt, da kann man mit der ganzen Welt sprechen.

Sie stand leise auf und schlich auf den Zehen in Papas Zimmer. Ihr Herz klopfte laut, denn sie hatte ein böses Gewissen, weil Papa es streng verboten hatte, den geheimnisvollen Kasten mit der glänzenden Trompete daran anzurühren.

Aber Lillis Wunsch nach der schönen Puppe war so groß, daß sie alles vergaß und nur recht schnell, bevor es zu spät war, mit dem Christkindchen reden wollte, damit nicht ein andres Kind die blonde Mimi im blauseidenen Wagen bekäme.

So ging sie ganz leise in Vaters Zimmer, kletterte auf einen Stuhl und nahm mit beiden zitternden Händen die runde Muschel vom Haken herunter und hielt sie ans Ohr, wie sie es so oft von Papa und Mama gesehen hatte.

"Wer ist da?" fragte eine feine Stimme.

"Lilli," sagte die Kleine, "ist das Christkind zu Haus?" Lilli hörte ein lautes helles Lachen von vielen Engeln ganz nahe an ihrem Ohr.

"Was will denn die kleine Lilli?" fragte die Stimme jetzt noch leiser und feiner.

"Bist du das Christkind oder nur ein Engelchen?"

"Ich bin das Christkind, aber sag' schnell, was du willst, ich habe nicht viel Zeit."

"Ja, liebes, gutes Christkind, ich möchte die Puppe mit den blonden Locken in dem großen Wagen mit der blauseidenen Decke, und ich bin auch unartig gewesen, aber ich will es nicht wieder tun, und du hast es auch gewiß vergessen, es ist schon lange her."

"Wo wohnst du denn, kleine Lilli?"

"Hier bei Papa und Mama." Da hörte sie wieder ganz deutlich die vielen Engel lachen, es war zu schön.

"Aber die Straße muß ich wissen und die Nummer."

"Gartenstraße zwanzig," sagte Lilli, "gleich unten an der Tür, keine vielen Treppen zu steigen, ganz leicht für dich, liebes Christkind, gelt, du bringst mir die Puppe?"

"Ich will mal sehen."

"Ach, sage nicht Papa, daß ich in dem schwarzen Kasten mit dir gesprochen habe – ich darf nicht."

"So, so, also ungehorsam?"

"Ach verzeih, liebes, bestes, süßes Christkind, aber ich mußte mit dir selbst sprechen, mein Brief hat so weiten Weg zu dir in den Himmel."

"Nun, so will ich dir diesmal verzeihen, aber jetzt hänge schnell die Muschel wieder auf, ich habe keine Zeit mehr."

Nochmals hörte Lilli alle die Engelstimmen lachen, dann hängte sie mühsam das schwere Ding an den Haken und kletterte vorsichtig vom Stuhl herunter, ging eilig zu ihrem Bettchen und schlief vor Freude und Angst bald ganz fest ein. Als sie aufwachte, saß Mama an ihrem Bette und lachte sie freundlich an.

"Lilli hat so gut geschlafen und ganz rote Wangen hat sie," sagte Mama.

"Ach, Mama, ich hab' mit dem Christkind gesprochen – die Puppe, du weißt doch."

Mama lachte. "So schön hast du geträumt, davon hast du die roten Bäckchen." Da war Lilli still und fürchtete sich, mehr zu sagen, und fast glaubte sie selbst, daß alles nur ein schöner Traum war. Am andern Tag aber, als sie eben alle, Papa, Mama und Bubi, beim Mittagessen saßen, klingelte es draußen, und Susi, das Zimmermädchen, schob einen großen Puppenwagen, in dem die blonde Mimi unter der blauen Decke lag, herein.

Lilli stieß einen lauten Freudenschrei aus, rutschte von ihrem Stuhl herunter und lief zu ihrer Mimi hin. "Das Christkind hat es mir geschickt," sagte sie wichtig, als alle um sie herumstanden und sehr verwunderte Gesichter machten.

"Ich habe mit dem Christkind gesprochen, Mama, du weißt doch."

"Wo denn und wann denn?" fragte Papa etwas streng.

"Im schwarzen Kasten," antwortete Lilli und wurde sehr rot und konnte den Papa nicht ordentlich ansehen.

"Am Telephon bist du gewesen?" sagte Papa jetzt sehr streng.

"Ja," sagte Lilli ängstlich, "aber alle Engel haben gelacht, und das Christkind hat es mir verziehen."

"Na, ich will einmal mit ihm sprechen. Warte, bis ich wiederkomme, bis dahin rühre die Puppe nicht an." Als Papa wieder aus seinem Zimmer kam, lachten seine Augen sehr freundlich, aber seine Stimme war ernst: "Ich will dir diesmal deinen Ungehorsam verzeihen, weil das Christkind mich so gebeten hat – aber daß so etwas nicht wieder geschieht, hörst du?"

"Ja, lieber Papa, aber Mimi ist sehr hungrig von dem weiten Weg, ich will ihr von meiner Suppe geben."

Polli, das Brüderchen, sah neidisch zu Lilli hin. Nun hatte sie schon vor Weihnachten ihren schönsten Wunsch erfüllt. Und er mußte warten. Und dann war es auch noch nicht sicher, ob er seine großen Bleisoldaten bekommen würde, die ganz rund waren und auf ihren Füßen standen und nicht auf solch dummen viereckigen Blechstücken wie seine alten. Wenn Lilli mit dem Christkind sprechen konnte, die kleine, dumme Lilli, die ein Jahr jünger war als er, so konnte er es auch, und Papa würde es ihm sicher auch verzeihen – es wäre zu schön, seine Soldaten vor dem Christabend zu haben. So saß er still und geduldig und hörte Lillis Geplauder ruhig an. Gegen Abend aber, als Papa und Mama ausgegangen waren und Susi bei Lilli am Bettchen saß, ging Polli heimlich zum schwarzen Kasten, der im Gang neben dem Badezimmer an der Wand hing, denn Vaters Zimmer war verschlossen. Er holte sich die kleine Trittleiter aus dem Badezimmer, stieg hinauf und nahm den Hörer vom Haken, wie er das so oft von den Großen gesehen hatte. Er hielt ihn ans Ohr und wartete ein wenig.

Da hörte er eine tiefe böse Stimme: "Wer ist denn dort?"

"Ich bin hier" sagte Polli sehr ängstlich.

"Wer ist es denn, zum Kuckuck – was soll's?"

"Ich will das Christkind sprechen," sagte Polli mit zitternder Stimme.

"Was sind das für Dummheiten?" brüllte jetzt die Stimme laut und dicht neben ihm. Polli erschrak und fragte: "Bist du der Teufel?"

Da fing es von allen Seiten fürchterlich zu läuten an und er hörte viele verworrene Stimmen und Geräusche; das Hörrohr fiel ihm vor Schrecken aus der Hand, und die Treppe rutschte unter ihm weg, und er plumpste mit ihr auf den Boden. Da läutete es auch an der Haustür, die Köchin kam aus der Küche, Papa und Mama stürzten herbei. "Was ist denn los?" riefen alle zu gleicher Zeit. Polli hatte sich ein großes Loch in die Stirn gestoßen und lag blutend an der Erde. "Ach so, er hat wohl auch mit dem Himmel sprechen wollen," sagte Papa erklärend zu Mama, die ihn aufhob und in sein Zimmer trug, während Papa das Hörrohr nahm und ein paar Worte ins Telephon rief.

"Bist du dumm gewesen!" sagte Lilli, als sie an Pollis Bette saß und er ihr die fürchterliche Geschichte erzählte. "Du hast in den verkehrten Kasten gesprochen, der geht zu dem Teufel in die Hölle – meiner ging in das Himmelshaus."

"Ach ja," seufzte Polli, "es war schrecklich, und meine Bleisoldaten krieg' ich nun sicher nicht." Aber am Weihnachtsabend lagen sie dann doch unter dem Christbaum.

Das verkaufte Lachen

Der lustige Rick war wirklich sehr arm. Aber das ganze Dorf liebte ihn, denn er hatte ein frohes, goldenes Lachen in der Kehle, und alle wurden heiter und glücklich, wenn der Rick mitten unter ihnen war. Es war, als ob jede Sorge leichter würde, wenn man in seine lachenden Augen sah, und Zank und Streit konnten nicht gedeihen in seiner Nähe.

Sein Häuschen war das kleinste im Dorf. Aber seine junge brave Frau hielt auf Ordnung und Sauberkeit darin, so daß er mit Freuden abends heimkehrte von seinem sauren Tagewerke. Dann liefen ihm seine zwei gesunden Buben entgegen und jauchzten vor Lust, ihn wieder zu sehen, sie kletterten an ihm hinauf, hängten sich an seine Arme und Beine und trieben allerlei Schabernack mit ihm, so daß für die Mutter fast nichts übrigblieb von ihm. Doch Annemie lachte und freute sich am Vater und an den Kindern, denn sie wußte, wenn sie die Kinder zur Ruhe gebracht hatte, fand sie auch ihr Teil Freude neben dem fröhlichen guten Rick.

Zufrieden und heiter saßen sie dann beim einfachen Mahle. Rick lobte die Annemie, daß sie es wieder so schön verstanden, aus wenigem so viel zu machen. Und wenn es einmal recht knapp zuging und die großen Augen der immer hungrigen Knaben traurig auf die leere Schüssel schauten, erzählte ihnen Rick schnell eine schnurrige Geschichte, daß sie vor lauter Lachen ihren noch knurrenden Magen vergaßen. Und wenn dann die Kinder in ihrem Bette lagen, nahm die immer fleißige Mutter ihre Kleider und Schuhe und flickte alles wieder zusammen, was sie am Tage bei Spiel und Vergnügen zerrissen hatten. Rick saß daneben und schnitzte allerlei Hausrat, pfiff ein fröhliches Liedchen dazu oder auch las er der Annemie aus dem Kalender eine schöne Geschichte vor, daß ihr die Arbeit leichter von der Hand ging. Und immer gingen sie dann mit Freude im Herzen unter lautem fröhlichem Lachen in die kleine enge Schlafkammer, wo die beiden Knaben schon fest schliefen.

"Sieh, wie sie noch im Schlaf lächeln," sagte Rick, "sie haben gewiß einen schönen Traum."

"Ja," sagte Annemie, "sie fühlen, daß etwas Gutes und Frohes bei ihnen ist" – und da meinte sie den Rick damit.

Am Sonntag war es eine große Lust, wenn sie alle zusammen hinauszogen in Wald und Feld, wo es immer viel Schönes zu sehen und Nützliches zu tun gab. Alle Geheimnisse des dunkeln Waldes fühlten sie in ihrem Herzen, und immer kamen sie mit vollen Händen und Körben nach Hause und schmückten die kleine ärmliche Kammer mit blühenden Zweigen und duftenden Blumen. Und Körbe voll köstlicher Beeren oder nahrhafter Pilze, Tannenzapfen und Reisig für das Küchenfeuer, Futter für die einzige Ziege, die ihnen ihre tägliche Milch gab – alles das brachten sie mit heim von ihren weiten fröhlichen Spaziergängen mit Vater und Mutter, und frische rote Wangen dazu und ein fröhliches Herz, so daß sie sich reich dünkten in ihrer engen Kammer und den reichsten Bauern im Ort nicht beneideten.

Da geschah es eines Tages, daß der König des Landes schwer krank wurde. Alles wurde versucht, ihn wieder gesund zu machen, aber die Ärzte standen an seinem Lager und schüttelten die Köpfe und konnten nicht helfen.

Da schickte der König reitende Boten ins Land und ließ ausrufen, wer irgendein geheimes Mittel wisse gegen die Krankheit des Königs, der solle sich melden – reicher Lohn solle ihm zuteil werden.

Mancherlei Volk kam herzu, und viel Weisheit machte sich breit vor den Königsreitern, aber die machten sehr ernste Gesichter zu all den Kräutern und Mondgeheimnissen, die ihnen die Leute brachten und von denen sie erzählten und mit heiligen Eiden schworen, daß ihre Großmütter und Basen damit gerade diese Krankheit geheilt hätten. Sie schüttelten die Köpfe und sagten, dies alles habe der kranke König schon versucht, aber es habe ihm nicht geholfen.

So zogen sie von Ort zu Ort und kamen auch in das Dorf, wo Rick und Annemie lebten.

Und die drei Reiter des Königs ritten um die Linde am Brunnen und riefen ihren Spruch. Da kamen aus den Häusern die alten Leute, die zu Hause waren und Zeit hatten, und hörten die Kunde, und sie dachten nach, und auch ihnen fiel all das dunkle Gerede ihrer Voreltern ein und die Wunderkräuter und Gebete und Hantierungen, mit denen sie bei Unheil und Krankheit zur Hand gewesen waren.

Aber wieder schüttelten die Königsreiter den Kopf und wollten schon weiterziehen, denn sie hatten Eile; der König wurde immer kränker und finsterer jeden Tag.

Da trat ein ganz alter Mann aus der Menge und rief: "Ich will euch etwas sagen, ihr Mannen des Königs: unter uns ist einer, der hat ein so fröhliches

Herz, daß er uns alle froh und glücklich macht mit seinem sonnigen goldenen Lachen, und wenn jemand krank ist hier, dann ruft er den Rick, und wenn der in die Kammer kommt, lacht der Kranke schon und fängt bald an, wieder zu essen und zu trinken, und wenn er noch was Gesundes in den Knochen hat, wird er sicherlich genesen, sobald er mit dem Rick lachen kann. Steht es aber so mit ihm, daß der bleiche Mann, der uns alle einmal aus dem Leben fortholt, schon an seinem Fußende wartet, dann geht noch ein schönes glückliches Lächeln über des Sterbenden Gesicht, wenn der Rick bei ihm ist und seine warme Hand auf sein brechendes Herz legt. – Nun habe ich gesprochen; seht, was ihr damit machen könnt."

Die Mannen sahen sich an und überlegten. Das war wenigstens etwas ganz Neues, was sie bisher noch nicht gehört hatten. Und da sie ihren König liebten und ihm gerne helfen wollten, gedachten sie, es einmal mit dem fröhlichen Lachen zu probieren. So machten sie sich denn an die Hütte des Rick. Und da es gerade Feierabend war, fanden sie ihn zu Hause. Er machte große Augen, als die Reiter vor seinem Häuschen hielten, und noch größere, als sie ihm ihr Anliegen vorbrachten.

Er solle mit auf das Schloß kommen und den alten kranken König mit seinem Lachen gesund machen, Als der Rick das hörte, lachte er laut und herzlich, denn ihm dünkte, daß die guten Leute sich einen Spaß mit ihm machten.

Kaum aber fing er an zu lachen, so veränderten sich die finstern und traurigen Gesichter der Reiter, und sie fingen auch an laut loszulachen. So ansteckend wirkte die Fröhlichkeit, die aus dem guten Herzen des Rick kam, der nie in seinem Leben etwas Böses getan oder gedacht hatte.

Da nun die Mannen an sich selbst fühlten, wie glücklich und fröhlich dieses schöne Lachen des armen Rick sie machte, bestanden sie auf ihrem Wunsche, daß er mit ihnen auf das Schloß solle.

"Weib und Kind verlassen und meine liebe Hütte – und dann mich vom König auslachen lassen, wenn ich mit meinen roten Fäusten und dem struppigen Bart an sein Bett von Gold und Seide komme und nichts weiter bringe als mein Lachen!" sagte er verwundert.

"Ach, das wäre sein Glück, wenn er wieder einmal lachte," erwiderten die Reiter, "komm, laß dich nicht so lange bitten! – Frau und Kinder siehst du ja bald wieder, und mit leeren Händen kommst du sicher nicht zurück."

"Was meinst du, Annemie?" fragte Rick.

"Daß du gehen sollst. Kannst du dem König helfen, wird das ganze Land glücklich darüber sein; kannst du es nicht, so hast du ein gutes Gewissen, weil du es versucht hast."

"Ja, dann muß ich wohl mitgehen," sagte Rick. Und einer der Reiter nahm ihn hinten auf sein Pferd, und so trabten sie los, zum Schlosse hin. – Annemie und die Kinder sahen ihm noch lange nach und grüßten und nickten und winkten mit den Tüchern.

Als die Reiter nach langem Wege ins Königsschloß zurückkamen und nichts weiter als den ärmlich gekleideten bäurischen Rick mitbrachten und ihn geradeswegs an das Bett des Königs führten, war ein großer Zorn unter den Hofleuten. Und die berühmten Ärzte, die noch immer am Bett standen und die Köpfe schüttelten, wurden rot vor Ärger, denn der König hatte ihnen gesagt, er habe nach einem allerberühmtesten Magister der Heilkunde ausgeschickt.

Als Rick über den Hof von Marmor, über die goldenen Stufen, durch die herrlichen Gemächer des Schlosses geführt wurde, wo alles so still und ernst und feierlich war, mußte er an das laute lustige Treiben seiner Buben denken und an die fröhlichen Scherze seiner Annemie, an den duftenden Wald voll singender Vögel und freute sich jetzt schon auf die Stunde, da er dies alles wiederhaben würde, und sein Gesicht strahlte, und seine Augen lachten in der Vorfreude darauf, als er an das goldene Bett des Königs trat.

"Kommst du endlich, mich gesund zu machen?" sagte der König und streckte ihm die Hände entgegen.

Aber die Höflinge und Pagen sagten pfui, als sie den Bauern sahen, und drehten ihm den Rücken zu. Nun sahen sie aber alle von hinten so komisch aus in ihrem Zorn und Ärger, daß Rick laut loslachen mußte – und da plötzlich lachte der gute alte König auch laut und fröhlich auf.

Da drehten sich die Hofleute schnell herum, denn den König hatte keiner noch je so lustig und laut lachen hören. Der oberste Hof- und Leibmedikus legte den gelben Zeigefinger der linken Hand an seine große Nase und den andern gelben Zeigefinger der rechten Hand an den Puls des Königs und sagte tiefsinnig: "Die Krisis ist da – ich hatte sie für heute vorausgesagt – der König ist genesen." – Dann machte er eine tiefe Verbeugung vor dem Bett und ging steif und hochmütig hinaus.

Aber der König fühlte, daß das schöne frohe Lachen des Rick in sein Herz gefallen war wie der Sonnenschein auf eine welkende Blume, und er war ihm sehr dankbar. Er befahl, daß man ihm ein gutes Mahl gebe und ein wohliges warmes Bad in seiner eignen goldenen Badestube und schöne Kleider und alles, was er sonst selbst noch wünschen würde. Aber Rick hatte nur den einen Wunsch, so bald als möglich wieder bei seiner Annemie und seinen Buben in der lieben Hütte zu sein. Doch der König wollte ihn nicht ziehen lassen und freute sich täglich mehr an seiner fröhlichen Art. Rick mußte stundenlang an seinem Bette sitzen und ihm von seinem Glück in seiner Armut erzählen, von seinem Dorf und dem Wald und allerlei Schnurren und Mären, bis sie beide zusammen laut auflachten, und mit jedem Lachen wurde der König stärker und gesünder, und ihm war, als ob ein Teil seiner schönen Jugend wieder zurückkam.

Als nun Rick viele, viele Tage im Schlosse gewesen war, wurde er endlich doch ein wenig traurig, denn er hatte Heimweh und große Sehnsucht nach den Seinen. Der König merkte es und sagte: "Nein, traurig darfst du mir nicht werden, sonst werde ich wieder alt und schwach. Und höre, mein Lieber, was ich dir sagen will: Sieh, diesen Säckel Gold gebe ich dir als Lohn dafür, daß du kamst, um mich froh und gesund zu machen, aber" – und der König zögerte eine Weile, weil er wohl wußte, daß er viel von dem armen Rick verlangte – "aber zehnmal so viel sollst du haben, wenn du mir dein goldenes Lachen verkaufst, daß ich meine alten Tage mit Fröhlichkeit zu Grabe trage."

"Oh," sagte Rick, "das da drin, das immer lacht und mich so reich und glücklich macht – das verkaufen?"

"Sag' nichts – noch nicht, überleg es dir noch drei Tage und dann sprich," sagte voll Angst der König.

Und in diesen drei Tagen ließ der König das Allerbeste auf die Tafel bringen, dem Rick noch schönere Kleider anziehen und ihn das Reiten lehren auf einem prächtigen, goldgezäumten Rosse. Und Rick konnte sich plötzlich nicht mehr vorstellen, wie ihm das schwarze, grobe, trockene Brot zu Hause so habe schmecken können, der liebliche Bratenduft stieg ihm freundlich in die Nase, und auf dem Rücken des Pferdes gefiel es ihm nun auch besser als aus seinen groben knarrenden Bauernstiefeln. Und wenn er nun das unmenschlich viele Geld vom König bekam, konnte er all die guten Dinge auch seinen Lieben zu Hause zuteil werden lassen. – Hei, welche Augen würden die machen, seine gute Annemie und Pett und Poll, seine beiden immer hungrigen Buben. Ja, ja, er mußte es wohl tun. All der Reichtum für sein bißchen Fröhlichkeit, der Tausch war doch nicht schlecht.

Und als er dann nach drei Tagen vor den Thron des Königs geführt wurde – denn der war nun wirklich gesund geworden –, sagte er: "Nun denn, Herr König, ich will Euch mein Lachen geben, damit ich die Meinen ihr Lebtag reich und satt machen kann – aber vorher laßt mich noch einmal so ganz aus vollem Herzen herauslachen."

"Ich danke dir, mein braver Freund," sagte der König. "Ja, lache laut und dabei laß mich meinen Mund an dein Herz legen, daß der Strom deines Frohsinns in meines übergehe."

Da malte sich Rick in Gedanken seine Heimkehr aus und die Freude seiner Frau und die drolligen Purzelbäume seiner Buben und all den Jubel über all das Schöne, das er ihnen mitbringen wollte, und da lachte er vor Freude so laut und herzlich, daß alle Hofleute mitlachen mußten und ganz vergaßen, pfui zu sagen, als der König nun wirklich seinen Mund auf das lachende fröhliche Herz des Bauern legte.

Das alte Gesicht des Königs wurde danach so hell und strahlend, daß alle ihn verwundert ansahen. Aber der Rick sah plötzlich so finster und alt aus, daß man ihn kaum noch erkannte.

Dem König tat sein Anblick weh. Er winkte den Dienern, daß sie ihn hinausgeleiteten, ließ ihm einen Wagen mit zwei flinken Rossen geben und das versprochene Gold.

Rick ging langsam aus dem Schlosse. Ihm war, als ob sich in ihm und um ihn her alles verändert hätte. Die Sonne kam ihm nicht mehr so hell vor, ihn fror, und er fühlte sich fremd in seiner eignen Haut. – Aber nun wollte er schnell nach Hause. Daheim bei den Seinen würde es ihm schon wieder wohl werden. Er schwang sich auf den Wagen, nahm die Zügel in die Hand und raste davon. Hinter sich hörte er noch aus dem offenen Fenster das laute fröhliche Lachen des Königs.

"Was hat der nur zu lachen?" sagte Rick grimmig und hieb finster auf die Pferde los, daß sie keuchend und schäumend über die Landstraße flogen.

Endlich hielt er mit dem Wagen vor der Tür seiner Hütte. Annemie und die Buben stürzten erstaunt heraus, denn einen Wagen vor ihrer Tür, das hatten sie noch nie erlebt. Als nun gar Rick, ihr Rick von dem schönen Wagen stieg, schrien sie vor Verwunderung und Freude laut auf, denn trotzdem er verändert aussah, hatten sie ihn gleich erkannt, weil sie ihn so liebhatten. Bald lief auch das ganze Dorf zusammen, um die Wundergeschichte vom reichgewordenen Rick zu hören. Aber sie waren sehr erstaunt, als Rick sie mit bösem Gesicht und barscher Rede von seiner Tür wies.

Und als er nun endlich ganz allein mit den Seinen war, wollte er ihnen so gern zeigen, wie froh er war, sie wieder zu haben; aber da er nicht mehr lachen konnte und so ernst und traurig aussah, verstanden sie ihn nicht mehr und sahen ihn scheu und ängstlich an.

"Bist du krank, Lieber?" fragte Annemie zärtlich. "Was fehlt dir, Vater?" fragten die Kinder und versuchten, wie früher zutraulich an ihn heranzukommen. Aber er schob sie ärgerlich beiseite, denn er schämte sich nun plötzlich, daß er sein schönes Lachen verkauft hatte und nun nie mehr fröhlich mit ihnen sein wurde.

"Seht, was ich euch mitbringe," sagte er und zeigte ihnen das viele Gold. "Damit kaufen wir uns ein großes Haus in der Stadt und schöne Kleider, und Braten und Wein gibt es nun jeden Tag, soviel ihr wollt."

"Juchhe – Braten und Wein!" schrien die Knaben ganz toll vor Freude.

Annemie aber war traurig. "In die Stadt," sagte sie, "da passen wir doch nicht hin, und in ein großes Haus auch nicht."

"Werden's schon lernen," sagte Rick.

Aber sie lernten's nicht. Das große Haus mit den vielen Zimmern in der engen Straße der großen Stadt gefiel ihnen lange nicht so gut wie ihre kleine Hütte, wo gleich vor der Tür der weite grüne Wald war. Annemie konnte sich nicht daran gewöhnen, auf dem Sofa zu sitzen und andre Leute draußen in der Küche für sich arbeiten zu lassen. Den Buben behagte es gar nicht, sich in der Schule von den Stadtkindern auslachen zu lassen, weil sie doch nur Bauernbuben in schönen Kleidern waren und die Sprache und Gewohnheiten der Städter nicht lernen konnten.

Dem Rick selbst aber konnte es niemand mehr recht machen. Da er selbst nicht mehr lachen konnte, ärgerte es ihn, wenn die andern lachten, und um ihnen sein Geheimnis nicht zu verraten, mußte er immer über etwas zanken und böse sein, um schelten und brummen zu können. Er war meist aus dem Hause mit fremden Leuten, die nicht wußten, daß er einmal der immer lachende Rick gewesen; die hielten sich an ihn, weil sie sein Geld mit ihm vertun konnten, und so wurde der reiche Rick bald faul und kränklich, und niemand mehr freute sich an ihm.

So ging es einige Jahre.

Annemie grämte sich und ging still und betrübt im großen Hause umher. Die Kinder fürchteten sich vor dem Vater, sie liefen ihm nicht mehr entgegen, wenn er heimkehrte, und versteckten sich vor ihm. Das alles ärgerte den Rick, da er es doch nicht ändern konnte.

Zuletzt wurde er ganz wild und böse darüber, und eines Tages, als er zuviel Wein getrunken hatte, Annemies verweinte Augen und die Angst der Kinder sah, wurde er so zornig, da er nicht mehr aus noch ein wußte mit sich selbst, und da schlug er in seinem Zorn die Kinder zum erstenmal, solange er sie hatte.

Annemie schrie laut auf, und die Kinder flüchteten in ihre Arme, und alle drei weinten bitterlich.

Da schämte sich Rick und lief zum Hause hinaus. Er irrte draußen in den Straßen lange umher und grübelte und dachte, was er nur machen könne, um wieder sein früheres glückliches Leben zu haben, das so weit weg von ihm lag und nur noch wie ein herrlicher Traum in seiner Erinnerung war. Daß es seine schöne gesunde Fröhlichkeit war und sein lustiges Lachen, das ihn damals so glücklich und zufrieden gemacht hatte, wußte er gar nicht mehr. Er fühlte nur, daß er nicht mehr so gut war wie ehedem, und daß er, ohne es zu wollen, sich jetzt über alles ärgerte und keinen Frieden finden konnte in seinem Heim.

Nach langem Grübeln kam ihm endlich der gute Gedanke: ich muß einmal die Annemie fragen, warum sie gar nicht mehr gut mit mir ist und die Kinder sich vor mir fürchten, ich gebe ihnen doch alles, was sie nur wollen. Da wurde er ruhiger und ging heimwärts.

Leise ging er ins Haus und wollte sehen, ob sein Weib und die Kinder sich getröstet hätten und er auf ein gutes Wort bei Annemie rechnen durfte. Er suchte sie in allen Zimmern und fand sie nicht. Plötzlich hörte er sie in der Küche plaudern, da ging er sachte zur Tür und lauschte. Er sah Annemie in ihrem alten Bauernanzug am Herdfeuer stehen und einen Brei kochen, den die Buben früher so gern gegessen hatten. Sie sah fröhlich aus, trotzdem ihre Augen noch rot vom Weinen waren.

"Ich mag ihn aber wirklich nicht mehr leiden," sagte Poll eben.

"Ich auch nicht, Mutter," rief Pett, "er hat uns geschlagen."

"Still, still, Kinder, nicht so reden," sagte Annemie, "der Vater ist krank, seht ihr denn nicht, er kann ja gar nicht mehr lachen."

"Ja, das ist wahr," sagte Poll, "seit er damals mit dem Wagen voll Gold nach Hause kam, hat er nicht mehr gelacht."

"Hört, Kinder, wir müssen unsern guten Vater wieder lachen hören, denn dann ist er wieder ganz unser wie früher. Hört zu, wenn er nun wieder heimkommt, fürchtet ihr euch gar nicht mehr vor seinem bösen Gesicht, sondern stellt euch beide tapfer vor ihn hin und singt ihm das drollige Lied von dem Dackel mit den vier krummen Beinen, worüber er früher immer so herzlich lachte, wenn er es mit euch sang."

Der lauschende Rick erschrak, denn nun wußte er plötzlich wieder, was ihm fehlte, und so gerne er jetzt gleich zu ihnen hineingegangen wäre, konnte er es nicht tun, denn wenn sie ihm nun das Lied sangen und er nun wieder dastand, ohne mit ihnen zu lachen, wären sie ganz unglücklich gewesen, und er schämte sich noch immer, ihnen zu gestehen, daß er sein liebes Lachen für das dumme Gold verkauft hatte, das sie noch keine Stunde so froh gemacht hatte, als sie früher in ihrer Armut gewesen waren.

"Zum Teufel," sagte er, "ich will mein Lachen wieder haben, und mag alles andre darüber zum Kuckuck gehen. Gleich will ich zum König, er muß es mir wiedergeben." Und er ging zu seinem Stall und setzte sich auf sein schnellstes Pferd und ritt und ritt den weiten Weg zum Schlosse des Königs.

Dort erkannte ihn niemand. Und als er nach dem König fragte, sagte man ihm, er liege im Sterben. Da wurde ihm eiskalt vor Schrecken: wenn der König stürbe und nähme sein Lachen mit in das Grab, das wäre fürchterlich. Er stieß die Diener beiseite und stürmte die hohe Treppe hinauf, ließ sich von niemand halten und ging geradeswegs in des Königs Gemach und trat voll Angst und Herzklopfen über die Schwelle. – Der sterbende König lag allein in seinem seidenen Bett und hatte ein gar friedliches Lächeln auf seinem bleichen Gesicht.

"Herr König," sagte Rick, "Herr König, Ihr dürft noch nicht sterben."

Der König erkannte seine Stimme und schlug die Augen auf. "Ach, du bist es, guter Rick. Gut, daß du kommst, ich muß dir noch danken, dein Lachen hat meine letzten Jahre froh gemacht. Ich freue mich, daß du noch gerade zur Zeit kommst, es wieder mitzunehmen, ehe ich sterbe; denn mein Gold hat dich nicht so glücklich gemacht wie das, was du mir dafür gabst, das kann ich an deiner Stimme hören. Komm, lege deinen Mund an mein Herz, daß es mit seiner letzten Kraft dir dein Lachen wiedergibt." Und der König lachte noch einmal ein leises glückliches Lachen, und dann schloß er die Augen und starb.

Rick hätte laut aufschreien mögen vor Freude, als er sein altes liebes Lachen wieder in seinem Herzen fühlte, und wenn nicht der gute alte König da tot und steif vor ihm gelegen hätte, würde er gleich einmal versucht haben, wie es tat, wieder einmal so recht von Herzen loszulachen. Aber er nahm sich zusammen und ging aus der Kammer, und ihm war, als trüge er diesmal einen größeren Schatz hinaus als damals, da er mit Gold beladen war. – Da er aber in der Aufregung die rechte Tür verfehlte, gelangte er in den Saal, wo alle Hofschranzen und Räte versammelt waren und auf das Ableben des Königs warteten; und der junge König saß schon ganz ungeduldig auf dem goldenen Stuhle seines Vaters.

"Der König ist tot!" sagte Rick. Da fuhren sie alle von ihren Sitzen auf und seufzten laut. – Und der alte Leibarzt des Königs legte den gelben Zeigefinger seiner Linken an seine große Nase, und mit dem gelben Zeigefinger der Rechten zeigte er auf die goldene Uhr an der Wand. "Fünf Uhr," sagte er, "ich hatte es vorausgesagt, um fünf Uhr würde es sein."

Da erinnerte sich Rick plötzlich der Szene am Krankenbette des Königs vor vielen Jahren, und wie sie alle ihm den Rücken gekehrt und pfui gerufen hatten, und da konnte er nicht mehr an sich halten und lachte laut los und fühlte dabei, wie er wieder ganz der alte frohe gute Rick wurde. – "Pfui!" sagten die Hofleute und kehrten ihm den Rücken zu und verbeugten sich vor ihrem neuen jungen König.

Der hielt ein Glas vor die Augen, denn er konnte nicht gut sehen, und sagte mit dünner Stimme: "Eh, das Lachen kommt mir bekannt vor – sollte das wohl jener Bauer sein, der meinem hochseligen Vater einst sein Lachen verkaufte? Er hat es sich wohl am Sterbebette wiedergeholt – nun, unsern hochseligen Herrn hat es sehr glücklich gemacht, und ich säße gewiß schon lange auf dem Throne, wenn sein Leben durch dieses Lachen nicht so lange erhalten worden wäre. Aber es ist schön, sehr lange zu leben, besonders, wenn man selbst König ist – he, guter Mann, höre einmal."

Aber Rick hatte Todesangst, man wolle ihm sein schwerentbehrtes Lachen wieder abspenstig machen, so lief er durch die Reihen der erstaunten Hofleute, rannte die Treppe hinab und über den Schloßplatz zum Tore hinaus, wo er sein Pferd an einen Baum gebunden hatte. Aber das Roß war verschwunden. Rick lachte. "Es wird's wohl jemand gestohlen haben. Nun, auch gut; bin wieder jung und kann laufen."

Und er lief die ganze Nacht, und früh am andern Morgen stand er in der Straße, wo all die Jahre her sein großes Haus gestanden hatte. Aber er sah kein Haus mehr, und Rick wußte im ersten Augenblick nicht, ob er träume oder wache. – Dann aber lachte er fröhlich und sagte: "Ah, so ist's gemeint: entweder Lachen und Armut, oder Trübsinn und Gold? – Na, dann tausendmal lieber so wie jetzt." – Und plötzlich wußte er ganz sicher, daß er die Annemie und die Kinder in der alten lieben Heimat finden würde. Und unermüdlich machte er sich gleich wieder auf die Beine, und gegen Abend, als die Glocken der Dorfkirche eben den Sonntag einläuteten, zog er wieder ein in sein liebes Dorf, wo er so lange glücklich gewesen war, weil er andre glücklich gemacht hatte.

Und es wurde ihm warm und weich ums Herz, und er schlich sich leise zum Fenster seiner Hütte und schaute hinein. Da sah er, wie die Annemie am Bette der Buben saß und hörte, wie sie mit ihnen betete: "Du lieber guter Gott, schicke uns doch unsern lieben Vater bald wieder und mache, daß er wieder so fröhlich lachen kann wie früher, wo wir alle so glücklich waren."

Da konnte Rick sich vor Jubel und Freude nicht länger halten und lachte laut und fröhlich in die Stube hinein. Und die drei da drinnen schrien laut auf: "Das ist der Vater, unser Vater, so kann kein andrer lachen wie er."

Und von da an lebten sie wieder so froh und einträchtiglich beisammen wie vorher.

Ein Weihnachtsmärchen

Es war Christnacht. Die Luft war bitter kalt, und der Mond stand wie eine große silberne Lampe am Himmel und leuchtete auf die Erde herunter, die sich in ihren dicken, weichen weißen Winterpelz eingehüllt hatte.

In dem kleinen Dorfe schliefen alle gesunden Leute fest und tief und freuten sich noch im Traum, daß der nächste Tag ein Feiertag war.

Es war so still und feierlich ringsumher, wie es nur in der heiligen Christnacht ist, wo der Friedensengel zur Erde kommt und den Menschen neue Hoffnung und neue Liebe in die Herzen legt.

Nur die armen kranken Leute schliefen nicht. Aber sie waren heute nicht so traurig wie zu andrer Zeit, denn es war der helle Schein der Christnacht um sie her, und das machte sie so ruhig und friedlich, daß sie ihre Schmerzen nicht mehr deutlich fühlten.

In einem der kleinsten Dorfhäuschen schliefen zwei Kinder und träumten von all den schönen Dingen und guten Sachen, die sie sich wünschten. Von warmen Kleidern und neuen starken Schuhen, von bunten Bällen und Tieren und Puppen. Sie konnten nur davon träumen, denn sie waren sehr arm, und dazu war die gute Mutter krank und konnte nicht auf Arbeit gehen und der Vater war tot. So hatten sie dieses Mal einen traurigen Weihnachtsabend gehabt. In der Ecke stand ein kleines, ganz kleines Christbäumchen, das eine gute Nachbarin ihnen gebracht hatte, aber sonst war das Zimmer leer und kalt. Aber im Traum bekamen sie alles, was sie sich je gewünscht hatten. Und so schliefen sie fest und waren glücklich.

Nebenan im kleinen Stübchen lag die kranke Mutter. Sie hustete, und ihr Kopf und ihre Hände waren heiß, und sie konnte nicht schlafen. Aber obgleich sie sehr traurig war, daß sie ihren beiden Kindern kein fröhliches Fest hatte machen können, war es doch heute seltsam still und glücklich in ihrem Herzen; von draußen kam der helle Schein der Christnacht in das Zimmer herein, und sie hörte eine leise frohe Stimme, die sie sanft tröstete.

"Siehe, es ist Christnacht," sagte diese Stimme, "da geschehen große und gute Dinge auf Erden!"

Draußen im kleinen Gärtchen vor dem Häuschen der armen Witwe leuchtete der Schnee wie lauteres Silber, und das ärmliche Häuschen wurde ordentlich schön in diesem Glanz. In einer Ecke des Gartens stand ein großer dicker Schneemann. Unförmlich war sein Kopf und seine ganze Gestalt, denn die beiden Kinder hatten ihn mit kalten blauen Händen aufgebaut, um doch ein wenig Vergnügen zu haben. Ein paar kleine schwarze Augen, die ihm die Kinder mit zwei alten Knöpfen eingebohrt hatten, lachten in seinem Gesicht, auf dem Kopfe saß ihm schief eine alte Kappe, und die Arme hingen ihm plump und schwer an den Seiten herunter. Er sah sehr komisch aus, und die beiden Kinder hatten fröhlich gelacht, als der Schneemann fertig war.

Jetzt im Mondlicht lachte auch der Schneemann. Er sah ganz lebendig aus und schaute gerad' nach dem Fenster hin, hinter dem die Kinder schliefen.

Da schlug es Mitternacht von der Dorfkirche. Langsam kamen die feinen Töne durch die Stille der Nacht hergeweht.

Eins – zwei – drei –

Da, als der zwölfte Schlag verklungen war, stieg plötzlich der Schneemann von dem Hügel herunter, auf den die Kinder ihn hingestellt hatten.

Er humpelte sehr ungeschickt daher, denn er hatte nur ein paar Beinstumpen, für die Füße hatten die Kinder keine Zeit mehr gehabt.

Jetzt lachte er über das ganze runde weiße Gesicht und sprach laut zu sich selbst. "Die armen Dinger da drin sollen auch eine Freude haben," sagte er, und dabei bückte er sich und nahm mit seinen großen plumpen Händen von dem reinen Schnee, der wie Silber im Monde leuchtete, und formte viele kleine Bälle daraus. Von diesen nahm er dann einen und warf ihn gegen das Fenster, hinter dem die beiden Kinder schliefen.

"Was war denn das?" sagte Heinz zu seiner Schwester und fuhr mit beiden Beinen aus dem Bett heraus.

Da kam wieder ein Schneeball an das Fenster geflogen.

"Oh, oh," flüsterte ängstlich Liese, "ich fürchte mich!" Und sie steckte ihr Köpfchen tief unter die Decke.

Aber Heinz war tapfer und ging an das Fenster und schaute in die helle Christnacht hinaus.

Da stand der Schneemann und lachte ihn mit seinen schwarzen Augen an und sagte: "Mach' auf, ich will euch etwas Schönes sagen!"

"Ach, du bist es," sagte Heinz und öffnete das Fenster, "du bist lebendig geworden und kannst sprechen?"

"Ja, ja," antwortete der Schneemann, "in der Christnacht darf alles einmal leben, was sonst tot und stumm bleiben muß. Und diese kurzen Stunden meines Lebens will ich benutzen, euch eine Freude zu machen, denn ihr habt mich geschaffen, und dafür will ich euch danken, denn es ist so schön, zu leben."

"Aber komm doch herein," sagte Heinz, "es ist ja kalt hier drinnen, aber draußen ist es doch noch viel kälter."

"Wird gleich warm sein dadrinnen," entgegnete der Schneemann und warf einen Schneeball an den kleinen Ofen, und im Nu prasselte ein helles Feuer darinnen auf.

"Ach wie schön!" sagte nun die kleine Liese und dehnte sich behaglich in ihrem Bette.

"Aber heraus, heraus ihr Kinder!" rief der Schneemann. "Ich will euch etwas Wundervolles zeigen, aber da müßt ihr mit mir in den Wald hinaus, da gibt es in der Christnacht Wunder über Wunder."

"Komm, mach' schnell!" sagte Heinz zur Liese.

"Ach, es ist so kalt draußen, und ich habe nichts Warmes anzuziehen und dann ist es auch so dunkel im Wald, da fürchte ich mich," sagte Liese.

"Na, für die Kälte hilft ***das***," rief der Schneemann und warf ihr einen Schneeball an den Kopf, und flugs hatte sie eine warme Kappe, einen weichen Mantel und dicke warme Handschuhe an. "Und was die Dunkelheit im Walde betrifft – na, du wirst ja selbst sehen, wie es damit ist; aber wenn du nicht willst, dann geht der Heinz allein mit und sieht die Weihnachtswunder im Walde."

"Nein, nein," rief Liese, "ich komme schon."

"Aber können wir denn die Mutter so allein lassen?" fragte Heinz und lauschte an Mutters Tür. "Ich glaube, sie schläft wieder schlecht, sie stöhnt so laut."

"Leg' ihr diesen Schneeball in die Hand, da wird sie ruhig schlafen und wundervolle Träume haben, bis wir zurück sind. Und hier – eins, zwei, drei, vier – nehmt diese Bälle und hebt sie gut auf, dann werdet ihr morgen viel Schönes finden. Und nun kommt schnell! Wenn der Hahn kräht, müssen wir wieder zu Hause sein."

So gingen sie denn zu dreien durch das stille Dorf, in dem alle Leute schliefen.

"Horcht!" sagte der Schneemann und führte die Kinder dicht an den Ställen der Tiere vorüber. Da hörte man ganz deutlich, wie die Pferde und Kühe und Katzen miteinander sprachen, und man verstand sie ganz gut.

"Ja," sagte der Schneemann, "das ist auch eins der Wunder der Christnacht. Einmal im Jahr dürfen auch die Tiere reden, damit sie alles aus ihren Herzen heraus sprechen können, was sie so lange still und stumm erduldet haben. Und manchem Menschen wäre es gut, er könnte es hören, was die Tiere sich in dieser Nacht erzählen, er würde dann wohl nicht mehr so hartherzig gegen sie sein, denn da sie immer so stumm und still sind und sich alles gefallen lassen müssen, glaubt er oft, sie fühlten Leid und Schmerzen weniger als er selbst."

"Wau, wau!" bellte der Hofhund aus seiner Hütte heraus. "Wohin geht ihr denn so spät in der Nacht?"

"In den Wald zur Christnacht," sagte der Schneemann. "Willst du mit? Auch für dich ist da Schönes zu erleben."

"Ich bin an der Kette – an der Kette."

"Mach' dich los, mach' dich los!" rief der Schneemann. Und da fiel die Kette klirrend ab, und der Hund sprang vergnügt zu ihnen her.

"Wie das gut tut, bei euch zu sein!" sagte er. "Nur einmal im Jahr sprechen zu können und dann an der Kette liegen und zu niemand hingehen können – das ist hart."

Und so wanderten sie nun zu vieren die schneeweiße Dorfstraße entlang zum Walde hin. Es ging etwas langsam, weil der Schneemann keine ordentlichen Füße hatte. "Hättet ihr mich nur etwas besser gemacht!" sagte er seufzend.

"Ja, wenn wir das gewußt hätten," sagte Heinz.

"Man muß ***alles*** ordentlich machen, was man tut," brummte der weiße Mann.

Aber endlich kamen sie doch zum Walde.

"Oh, wie ist das schön!" sagte Liese leise, und Heinz faltete die Hände vor lauter Erstaunen.

Das war aber auch eine Pracht!

Der große dunkle Wald war heute hell und strahlend. Oben leuchtete der Mond mit seinem silbernen Licht, und unten schimmerte und glitzerte der weiße Schnee. Die Bäume hatten tausend funkelnde Schneesterne auf ihren Zweigen, daß es aussah, als seien sie mit blitzenden Edelsteinen behangen – es war ein Leuchten, Flammen und Glitzern, und aus dem allen zusammen wurde ein seltsames geheimnisvolles Licht, wie sie es sonst nie gesehen hatten.

Und auf den weiten Schneematten spielten alle Tiere des Waldes. Und alle lagerten heute friedlich nebeneinander, die sich sonst in Streit und Hader verfolgten und anfeindeten. Da lagen Wolf und Bär und Fuchs und Hasen und plauderten miteinander. Eichhörnchen und Wiesel, Rehe und Hirsche spielten Verstecken zusammen, und Hunderte von kleinen Mäuschen huschten zwischen ihnen hin und her. Alle waren sie so glücklich und froh und sagten zueinander: "Ach, wenn es doch immer so bei uns sein könnte!" Der Hofhund lief voll Freude zu ihnen hin und wedelte mit seinem Schwanze und war über die Maßen vergnügt.

Aus allen Dörfern und Städten umher klangen von fernher die Christglocken. Tausende von Vögeln sangen in den Zweigen – sie sangen mit menschlichen Stimmen, denn es war ja die heilige Christnacht.

"Stille Nacht, heilige Nacht!" tönte es tausendstimmig durch den Wald, und von den Bäumen kam ein wundervolles tiefes Rauschen, als sängen auch sie dies hohe Lied zur Ehre des Heilandes mit.

Und immer tiefer in den Wald gingen die vier zusammen, stumm vor Entzücken und wie verzaubert von all der Herrlichkeit umher.

Und je tiefer sie hineinkamen, desto schöner wurde es. Das Licht wurde immer strahlender, und die Vögel sangen immer lauter, und die Bäume rauschten feierlich wie die Orgel sonntags in der Kirche. –

Plötzlich kamen sie an eine weite Wiese. Da blühten mitten im Schnee alle, alle Blumen, die man sonst nur im Sommer findet, und sie nickten mit ihren Köpfchen und läuteten mit ihren Glöckchen und riefen mit ihren feinen Stimmchen: "Willkommen, willkommen im Garten des Christkinds!"

Und unter einer großen Tanne, die ihre schweren weißen Äste weit wie ein Dach ausbreitete, saß das Christkind auf einem silbernen Stuhl. Es war weißer als der Schnee und glänzender als alles Licht umher, und seine Stimme war lieblicher als der Gesang der Vögel.

Als es die Kinder sah, kam es von seinem silbernen Stuhl herunter zu ihnen und winkte ihnen freundlich und sprach gar sanft zu ihnen.

"Kommet zu mir her, meine lieben Kinder," sagte es, "habt ihr heute einen Wunsch, so wird er euch erfüllt werden. Was wünschest du, lieber Knabe?"

"Ach," sagte Heinz, ohne sich lange zu besinnen, "ich wünsche, daß unser Mütterchen gesund wird."

"Und du, mein liebes kleines Mädchen?"

"Unser Mütterchen – unser Mütterchen –" sagte Liese schüchtern.

"Habt ihr wohl noch einen Wunsch?" fragte das Christkind. "Denkt ein wenig nach, vielleicht wünscht ihr noch etwas?"

Die beiden dachten lange nach, und endlich sagten sie: "Nur Mütterchen soll gesund sein, dann ist alles gut."

Da legte das Christkind seine lieben Hände auf das Haupt der Kinder und sagte: "Seid gesegnet, daß ihr nur an euer Mütterchen dachtet – es wird euch wohl gehen immerdar! Hier, nehmt dieses Würzelchen vom heiligen Christdorn, legt es eurem Mütterchen auf das Herz, und es wird gesund werden." Dann grüßte es noch einmal mit der Hand und ging zu seiner schönen Tanne zurück.

"Jetzt aber schnell nach Hause!" sagte der Schneemann. "Ehe der Hahn kräht, muß ich an meinem Platze sein, sonst zerfalle ich zu Schnee, und ihr findet den Weg nicht allein zurück."

So gingen sie denn so schnell als nur möglich durch den leuchtenden, singenden, rauschenden Weihnachtswald, und Heinz hielt das Wunderwürzlein fest in der Hand, und sie konnten es kaum erwarten, es ihrem Mütterlein auf das gute Herz zu legen.

Als sie im Dorf ankamen, war es schon grauer Morgen, der Mond stand ganz bleich am Himmel und leuchtete nicht mehr.

"Dank euch," sagte der Hofhund, "Dank euch, es war so wunderschön! Nun will ich wieder geduldig meine Kette tragen."

"Leb' wohl," sagten die Kinder, "wir werden jetzt immer gut zu dir und allen Tieren sein."

"Lebt wohl!" sagte auch der Schneemann, als die Kinder an der Tür ihrer Hütte angelangt waren. "Lebt wohl und redet zu niemand von dem, was ihr gesehen und gehört, sonst ist der Zauber fort von allem, was man euch gab. Aber es ist höchste Zeit für mich," sagte er und sprang auf seinen Hügel hinauf.

Da krähte der Hahn.

Dem armen Schneemann blieb der Mund offenstehen, und steif und kalt schaute er von seinem Hügel auf die Kinder herab, als kenne er sie nicht mehr. Heinz und Liese sahen traurig zu ihm hin, sie hatten sich nicht mehr bei ihm bedanken können für all das Herrliche, das er ihnen gezeigt hatte, und das tat ihnen sehr leid. So gingen sie denn ins Haus und in Mütterchens Stübchen. Die lag und schlief sanft, und aus dem Schneeball, den sie ihr in die Hand gelegt hatten, war ein blankes Goldstück geworden.

Da nahm Heinz das Würzelchen und legte es ihr gerade mitten auf das Herz, und dann setzten sie sich still zur Seite und warteten, ob es nun wohl bald aufwachen würde. Und es dauerte auch nicht lange, da schlug die Mutter die Augen auf und lächelte so glücklich, wie sie es lange nicht getan, und dann stand sie langsam auf und ging durch das Zimmer zu den erstaunten Kindern hin und nahm sie in ihre Arme, und sie alle weinten vor großem Glück und seliger Freude. – Und als sie in das andre Zimmer kamen, brannte dort noch immer das helle, prasselnde Feuer im Ofen, und auf dem Tisch, wo vorher die Schneebälle gelegen hatten, lagen eine Menge guter und nützlicher Dinge.

"Ei, seht," sagte die Mutter, "das haben uns wohl die guten Nachbarn beschert, und die haben mir wohl auch dieses Goldstück in die Hand gelegt, während ich schlief."

"Nein, das hat der Schneemann getan," rief die kleine Liese.

Aber Heinz stieß sie in die Seite, daß sie nicht weiterreden sollte, "Ach, Mutter, mir träumte vom Christkind," sagte er, "daß es dich gesund machen würde – und nun bist du wirklich gesund, nun ist alles, alles wieder gut bei uns."

"Ja," sagte die Mutter, "in der Christnacht geht der Engel des Friedens durch die Welt und macht die Menschen gut und glücklich. Wir wollen Gott danken für seine große Güte."

Und sie fielen auf die Knie und sangen das heilige Lied der Hirten auf dem Felde, das so herrlich und mächtig ist, daß es seit vielen hundert Jahren zur Weihnachtszeit über die ganze Welt hintönt:

Ehre sei Gott in der Höhe und Frieden auf Erden!

Schattenbilder

Meine zwei Hände und deine,
Deine zehn Finger und meine,
Die können gar feine Kunststücke machen,
Gar drollige, schnurrige, niedliche Sachen.
Nichts brauchst du dazu als eine Wand,
Ein Licht auf dem Tisch und etwas Verstand.

Dann drehe und krümme die zehn Gesellen,
Daß sie dir allerhand Bildlein stellen:
Ein Häslein mit Ohren und Pfötlein gar fein,
Ein Kätzlein, ein Bär und ein Vögelein
Erscheinen nun plötzlich auf der Wand
Als Gäste aus heimlichem Schattenland.
Sie wackeln und tanzen und springen daher
Und all, die es sehen, freuen sich sehr.
Es lachen Vater, Mutter und Kind
Und all die andern, die drum herum sind.

Ja, deine zwei Hände und meine
Und meine zehn Finger und deine;
Die zaubern gar schnell an eine Wand
Viel schnurrige Bilder aus Schattenland.

Vaters Pfeife

Fritz und Hans und Monika
Sitzen fröhlich beim Papa.
Seine Pfeife, lang und braun,
Ist gar lieblich anzuschaun.
Darauf ist gemalt ein Mann,
Der am Abgrund stehen kann
Und im grünen Federhut
Eine Gemse schießen tut.
Blaue Wölkchen steigen auf,
Und verfolgt man ihren Lauf,
Sieht man, wie sie wunderfein
Tanzen einen Ringelreihn.

"Ach, nur einmal laß mich auch
Blasen solchen blauen Rauch,"
Sagt der Hans – doch Vater spricht:
"Liebes Kind, nein, das geht nicht.
Tabak, Wein und solches Zeug
Taugt für Große, nicht für euch."

Aber grade weil's nicht taugt,
Hätte man so gern geraucht.
Und noch stets hat das Verbot
Uns gebracht in große Not.
So denn einstmal als Papa
Abends ausging mit Mama,
Geht man artig in sein Bett –
Bonne sagt: "Heut seid ihr nett."
Schlau macht man die Augen zu –
Bonne glaubt, nun hat sie Ruh,
Freut sich heimlich aufs Pläsier,
Huscht ganz sachte aus der Tür.

Monika und Fritz und Hans
Sind nun plötzlich munter ganz,
Schleichen leis' voll Hinterlist
Zu des Vaters Tabakskist'.
Stopfen sich die Pfeife voll,
Nehmen Feuer, und wie toll
Saugen sie der Reihe nach
An dem Ding – o Ungemach!
Erst zwar ist es ganz charmant,
Bitter wohl – doch intressant,
Wie die blaue Wolke fliegt,
Und die Stub' nach Vatern riecht.
Aber ihre Strafe naht
für die böse Missetat.

Ihre Köpfe werden schwer,
Und die Dinge rings umher
fangen sich zu drehen an,
Alles tanzt, so schnell es kann.

Und dann plötzlich – was ist das?
In dem blauen Rauch steht was –
Ha – die Pfeife fällt vor Schreck,
Klimper-klamper, in die Eck.
Mit der Flinte am Gesicht –
Steht da – steht da – steht da nicht
Riesengroß der Pfeifenmann?
Schaut die dreie finster an.
Seht – nun zielt er gar auf sie.
Und sie fallen auf die Knie,
Wollen schrei'n und können nicht –
Das ist nun das Strafgericht.

Unverwandt starrt jener Mann
Diese armen Kinder an –

Seht – setzt geht die Flinte los,
Und sie bringt den Todesstoß.
Wie sie laufen hin und her –
Hierhin, dorthin – keuchen schwer –
Aber er steht riesengroß
Und läßt sein Gewehr nicht los,
Rührt sich nicht von seinem Fleck,
Aber zielt in jede Eck –
Plötzlich kracht es und wird hell –
Und die dreie auf der Stell'
fallen um – sind mausetot,
Und ein Ende hat die Not.

Aber sie sind nicht gestorben –
Leider sind sie noch erwacht,
Haben an des Vaters Rute
Noch gar manchen Tag gedacht.

Niemals rührten mehr von da
An die Sachen von Papa
Fritz und Hans und Monika.

Auch die Bonne, sie verschwand –
Raus warf sie des Vaters Hand.

Der kleine Stelzfuß

Rumpelchen-Humpelchen geht auf drei Bein' –
Hat noch ein hölzernes zu seinen zwei'n.
Sieht, wie die andern tanzen und springen,
Hört, wie sie lärmen, laufen und singen;
Möcht' gern mit ihnen lustig sein
Und auch sich drehen im Ringelreih'n.
Aber immer allein muß er gehen,
Denn die andern bleiben nicht stehen,
warten auf ihn nicht und laufen ihm fort.
So bleibt denn Humpelchen fein am Ort,
Liegt im blinkenden Sonnenschein,
Guckt in den blauen Himmel hinein.
Ach, so still ist es um ihn her,
Und sein Herz ist ihm bang und schwer;
Seine Augen werden ihm naß,
funkelnde Tränlein fallen ins Gras.

Plötzlich hört er zu weinen auf,
Blickt ganz erstaunt zur Sonne hinauf.
Hinter den Wolken kommt etwas hervor –
Flüstern und Lachen tönt an sein Ohr.
Die Himmelstüre öffnet sich weit –
Und Englein kommen herabgeschneit.
Das ist ein Nicken, Fragen und Grüßen,
Mit goldenen Krönlein, auf silbernen Füßen
Huschen sie leise ins blumige Gras,
Setzen sich nieder, erzählen ihm was.
Märchen so wunderschön und so fein
Erzählen ihm all diese Engelein.

Rumpelchen lauscht und freut sich gar sehr,
Denkt an seinen Kummer nicht mehr. –

Endlich stehen die Engelein auf,
Schauen erschrocken zum Himmel hinauf, –
Nun schlafe wohl – hab' gute Ruh' –
Sieh, Sonne macht gleich die Türe zu,
Müssen nun schnell in den Himmel hinein,
Der Mond stiehlt sonst unsere Krönelein. –
Und husch! sind sie fort. – Das Rumpelchen lacht,
Die Märlein haben ihn froh gemacht.

Von jetzt an war er nie mehr allein,
Denn alle wollten nun bei ihm sein.
Sie sitzen dicht um ihn her im Kreis
Und lauschen den Märlein, die Rumpelchen weiß.

Nun ist er ihr König, denn jederzeit
Hat er ein neues Märchen bereit.
Vergessen ist Krücke und hölzernes Bein,
Ihn Humpelchen rufen, fällt niemand mehr ein.
Und Rumpelchen wurde ein glücklicher Mann,
Weil er so viel Schönes erzählen kann.

Der Schneemann
Ein Märchenspiel in drei Akten

Personen:

Mutter
Spielmann
Liese
Heinz
Schneemann
Märchengestalten
Blumengeister
Nikolaus
Die Jahreszeiten
Christkind
Weihnachtsengel
Nachtwächter.

1. Akt.
Szene: Schneebedeckter Hofraum vor einem kleinen einstöckigen Häuschen. Gegen den Vordergrund rechts etwas erhöht ein alter verknorrter Baum; ringsherum eine morsche Bank. In der Nähe des Baumes ein Schneemann.

Personen des 1. Aktes: Die ***Mutter*** ist krank, abgearbeitet und fieberhaft erregt. Anfangs ganz niedergeschlagen, lebt sie in der Erinnerung an einstige Zeiten zu voller Frische auf. Der ***Spielmann*** ist fast erblindet, durch Not und Sorge über seine Jahre gealtert. ***Liese*** zwischen 8 und 9 Jahr alt. ***Heinz*** zwischen 6 und 7 Jahr alt.

1. Szene.

Heinz, Liese, später die Mutter.

Heinz (*auf einer Bank stehend am Schneemann beschäftigt*): Mach' ihm noch einen schönen Schnurrbart mit dieser Kohle, Liese, und ich setze ihm den Hut auf den Kopf. Einen Hut braucht er schon bei dieser Kälte. Mutter sagt, jetzt dürfe man nie ohne Kappe aus der Stube, sonst könne man sich erkälten. Und unser Schneemann soll nicht frieren.

Liese: Nein, der arme Kerl soll es gut haben.

Heinz: Ei, zeig' mal! – Schön ist der Bart! Gelt, Herr Schneemann, wir haben dich schön und stolz gemacht.

Liese: Ja, schön und stolz schaut er aus, die Augen lachen ordentlich.

Heinz: Und es sind doch nur ein paar alte Knöpfe! (*Sie lachen beide lustig auf, fassen sich bei den Händen und tanzen um den Schneemann herum, folgendes Liedchen singend*):

La, la, la, der Schneemann der ist da,
Nun lach' und sieh uns freundlich an,
Wir bitten dich Herr Schnee–e–mann.
La, la, la, der Schneemann, der ist da.

Heinz (*plötzlich Lisas Hand loslassend, traurig*): Jetzt sind wir fertig, und die Freude ist aus – heut' ist Christnacht, und der Schneemann ist unsre einzige Freude. (*Er weint*).

Liese: Komm, Heinz, mußt nicht weinen, wenn Mutter heimkommt und sieht es, wird sie noch trauriger und kränker; sie war so schwach heute und ging doch zur Arbeit fort.

Heinz: Vielleicht ist ihr doch das Christkind begegnet –

Liese: Sieh, da kommt die Mutter!

(*Sie laufen ihr entgegen.*)

Heinz: Mutter, hast du das Christkind gesehen?

Mutter: Bin so müde, Kinder, muß mich einen Augenblick setzen –

Liese: Aber hier ist's kalt, Mutter!

Mutter: Doch drinnen in der Stube ist's auch nicht wärmer.

Liese: Hättest nicht fort gesollt, Mutter! Hast ja kaum stehen können heute morgen.

Mutter: Habt ihr keinen Hunger, Kinder? Und woher sollte unser Brot kommen, wenn ich nicht nach Arbeit gehe?

Liese: Aber du bist ja krank!

Mutter: Ja, ja, krank und müde und arm – aber heut' ist Christnacht, da kann uns noch Gutes geschehen. – In der Christnacht wandeln Gottes Engel auf Erden, und es geschehen Wunder.

Heinz: Wird Gott uns das Christkind schicken, Mutter?

Mutter: Vielleicht Kinder – vielleicht –

Liese: Wir waren ja so brav, Mutter.

Heinz: Sogar ich auch. – Schau, den Schneemann haben wir gemacht, da ist uns so gut warm dabei geworden.

Liese: Ist er nicht schön, Mutter – mußt du nicht auch lachen, wenn du ihn anschaust?

Mutter (*versucht zu lachen*): Ja, fein habt ihr ihn gemacht.

Heinz: Aber meine Hände sind steif geworden – ganz kalt und blau sind sie...

Liese: Meine auch. Bei Mütterchen ist's warm. – (*Sie stecken beide ihre Hände unter Mutters Schürze und schmiegen sich eng an sie.*) Erzähl' uns was, Mütterchen!

Heinz: Vom Christkind, Mütterchen.

Mutter: Erzählen – ja (*sie lehnt sich matt und müde an den Baum*) ja, dann geht die Zeit, und es wird Abend, und wir gehen zu Bett –

Heinz: Aber erst muß das Christkind kommen!

Mutter: Ich will euch erzählen, wie es vor vielen Jahren zu einem armen Mädchen kam und es glücklich machte.

(*Die Kinder rücken noch näher an die Mutter und lauschen ihren Worten.*)

Mutter: Es war einmal ein Mädchen, das war gar jung und brav, aber auch gar so arm wie ihr.

Liese: Ein Mädchen wie ich?

Mutter: Nein, nein, älter war's, schon grad' 20 Jahre alt! Und in der heiligen Nacht, da war es ganz allein; der Vater und die Mutter waren ihm gestorben. Da weinte das Mädchen in der kalten Christnacht, weil es so gar einsam war und niemand es trösten wollte.

Liese: Und das Christkind?

Mutter: Ja, hört nur! Wie es nun gar so traurig dasaß und beide Hände vor den Augen hatte und weinte, als ob ihm das Herz brechen wollte, kam plötzlich leise das Christkind heran und brachte dem Mädchen gar schöne Sachen und tröstete es so lieb und gut. Das Mädchen wußte nicht, wie ihm geschah – ganz verwirrt war es, denn das Christkind hatte seine Hände erfaßt und neigte sich ganz nahe zu ihm. Dabei fiel ihm sein Schleier vom Gesicht, und da lachte das Mädchen plötzlich fröhlich auf und rief: Ei wart nur, du Schelm, du Bösewicht, sich so zu vermummen, daß ich dich gar nicht kennen konnte –

Liese: Aber, Mutter, wer war es denn, wie kommt denn nur der Bösewicht in unser Märchen herein?

Heinz: Das versteh' ich gar nicht. Ich dachte doch, das Christkind wär's gewesen.

Liese: Was ist dir doch. Mutter?

(*Die Mutter hängt ganz versonnen ihren Gedanken nach und singt leise vor sich hin*):

In einer kalten Winternacht
Ein Röslein ist entsprossen,

Und in der heiligen Weihenacht
Ward uns das Glück erschlossen.

Liese: Mutter, bist du krank?

Heinz: Hei, wie du frierst, du zitterst ja ganz.

Mutter: Still, Kinder, still, ich war nur weit fort mit meinen Gedanken, ich dachte an meine Jugend – denn das arme traurige Mädchen in dem Märchen war ich –, und euer Vater kam in der heiligen Nacht und hatte sich als Christkind vermummt, und hinter dem Schleier lachte er mich fröhlich an und sagte, daß er mich lieb habe und ob ich sein Weib sein wolle. –

Kinder: Unser Vater, sagst du? Wo ist der? Wir kennen ihn ja gar nicht.

Mutter: Ihr armen Kinder! Fort ist er vor langen Jahren, hinaus in die weite Welt! Wir waren beide gar arm, und in dem kleinen Dorfe, in dem wir damals lebten, konnte er nicht genug Arbeit finden, um uns alle satt zu machen. Und so zog er denn bald fort in die weite Welt, um das Glück zu suchen und es uns zu bringen.

Liese: Hat er uns ganz vergessen, Mutter?

Mutter: Vergessen, nein, sicher nicht. Zuerst hat er noch oft geschrieben und auch Geld geschickt. Doch dann nicht mehr.

Heinz: Warum hast du uns nie von ihm erzählt?

Mutter: Ihr jungen Dinger, sollt ihr denn schon allen Kummer mit mir tragen?

Liese: Und kommt er bald zu uns zurück?

Mutter (*fährt fröstelnd zusammen*): Hu! Es ist doch kalt!

Heinz: Wann kommt er denn wieder einmal heim, Mutter?

Liese: Still, Heinz, still! Schau, die Mutter ist krank.

Mutter: Schön wird's, wenn er kommt, aber die Leute sagen, er sei tot!

Heinz: Tot! Unser Vater tot!

Liese (*lehnt sich liebevoll an die Mutter*): Mutter, liebes Mütterchen.

Mutter: Nein, nein, er lebt, ich fühle es in meinem Herzen, und er kommt zu uns zurück. – Bald, bald! (*Erhebt sich mühsam; gestützt von den Kindern, geht sie zum Hause hin und singt mit müder, wehmütiger Stimme das Lied*):

Auch in der Hütte blüht das Glück,
Wenn die Lieb' drin wohnet
Und in der armen, kalten Kripp
Wie auf güldnem Stuhle thronet.

(*Sie hustet und hält sich, von den Kindern geführt, an den Türpfosten erschöpft an. Da ertönt aus der Ferne erst leise, dann stärker werdend das Lied des Spielmanns: "Stille Nacht, heilige Nacht!" Sie horcht auf, und ihre Züge verklären sich.*) Hört, ihr Kinder, die Englein singen, das Christkind kommt. (*Sie streckt die Arme sehnend nach der Richtung aus, aus der das Lied: "Stille Nacht, heilige Nacht" ertönt, doch erschöpft sinkt sie zurück. – Die Kinder lauschen entzückt nach der Musik des Spielmanns.*)

Liese: Heinz, die Mutter! Hilf mir sie stützen! Mutterle, Mutterle, nur nicht sterben!

(*Sie schaffen die Mutter ins Haus.*)

2. Szene.

Der Spielmann, später Liese und Heinz.

Spielmann (*hört auf zu spielen, als er auf den Hof kommt, und fängt zu singen an*):

In einer kalten Winternacht
Ein Röslein ist entsprossen,
Und in der heiligen Weihenacht
Ward uns das Glück erschlossen.

(*Näherkommend.*)

Vom Himmel stieg das Christuskind
Zu armen Menschen nieder,
Und durch die Schindeln blies der Wind,
Da froren des Kindleins Glieder.

(*Tritt auf.*)

Und Friede war den Menschen all –
Und Tier und Felsen beben,
Wenn in der heiligen Weihenacht
Die Engel zur Erde schweben.

Liese (*aus der Tür tretend zu Heinz*): Wie schön er singt!

Heinz: Komm, wir wollen Ringelreihe um ihn tanzen, und er soll wieder spielen!

Liese: Nein, nein, nicht spielen, das stört die Mutter.

Heinz (*zum Spielmann*): Die Mutter ist krank.

Liese: He, du Spielmann! Sei bitte still! Die Mutter ist krank und schläft.

Spielmann: Gutes Kind. Gib mir die Hand! Ja, hüte dein Mütterchen gut, geht nichts über die Mutterliebe, seid warm und wohl bei ihr bewahrt. (*Sieht Liese lange gerührt an.*) Du liebes kleines Ding, wie alt bist du?

Liese: Acht Jahre.

Spielmann: So alt könnte jetzt mein Lieschen sein!

Liese: Ich heiße auch so, und das ist mein Brüderchen, der Heinz.

Spielmann: Meine Liese hat kein Brüderchen! Eure Mutter ist krank, sagst du?

Liese: Ja.

Spielmann: Und euer Vater?

Liese: Wir haben keinen Vater mehr; er ist tot.

Spielmann: Oh, oh – Mutter krank, Vater tot – ihr armen Kinder! Habt ein traurig Weihnachtsfest wie ich auch, bin auch allein und zieh' in der Welt umher und verdiene mir mein Brot mit diesem Spiel.

Heinz: Und das Christkind kommt gewiß auch nicht mehr, es ist schon so spät.

Spielmann: Und habt gar keine Freude heute, nichts, was euch fröhlich macht?

Liese: Nur der Schneemann dort. Über den haben wir schon gar viel gelacht heute.

Heinz: Den haben wir selbst gemacht!

Spielmann: So, so – fein habt ihr ihn gemacht, und er sieht aus, als könne er ein altes Märlein wahr machen.

Liese und Heinz (*neugierig nahe zu ihm herankommend*) Was für ein Märlein, erzähl' uns doch!

Spielmann: Das Märlein, daß in der Christnacht alles lebendig wird.

Heinz: Auch der Schneemann soll lebendig werden, meinst du?

Spielmann: Ja, Ja, der auch, in der Christnacht bekommt alles Leben, alle toten Dinge können plötzlich reden, gerade wie die Tiere ringsherum auch.

Liese: Auch unser Nero dort?

Heinz: Und unser Schneemann wird auch sprechen können in dieser Nacht? Ei, das wird lustig!

Spielmann: Gelt, da staunt ihr? Auch euer Schneemann wird reden können in der zwölften Stunde dieser Nacht. Und wer gerade im rechten Augenblick erwacht, der wird große Wunder schauen und kann glücklich und reich werden wie ein König, wenn er sein Glück nicht verscherzt.

Liese: Oh, wenn wir nur im rechten Augenblick erwachen!

Heinz: Wir gehen lieber gar nicht schlafen.

Liese: Glücklich und reich werden, wie schön wäre das für unser armes Mütterlein!

Spielmann: Ja, in dieser Nacht kommt das Glück euch entgegen, und wer klug und gut ist, bei dem bleibt es auf immer. Aber nur ein Herz voll Liebe kann es erringen. Weh' dem, der ohne Liebe nur aus Neugierde die Wunder der Christnacht belauscht! Der wird die Prüfung nicht bestehen, die ihm das Glück auferlegt.

Heinz: Wie sieht es denn aus?

Spielmann: Das weiß niemand vorher.

Liese: Wo wird es uns denn begegnen?

Spielmann: Auch das kann ich euch nicht sagen. – Aber es wird euch jemand bei der Hand nehmen und hinführen.

Beide: Wer?

Spielmann (*lächelnd*): Nun, vielleicht der Schneemann dort. –

(*Der Schneemann nickt mit dem Kopfe.*)

Heinz: Liese, schau! Der Schneemann hat genickt.

Liese: Wirklich, wirklich? Lieber Schneemann, willst du uns helfen zu unserm Glück?

(*Der Schneemann nickt wieder.*)

Heinz: Schau, Spielmann! Der Schneemann hat wieder genickt.

Spielmann (*lächelnd*): So, so, kann schon sein. Aber seht, die Sternlein steigen schon empor, es wird Nacht, und bald fängt die tote Welt an, im Christzauber zu erwachen.

Liese: Wir wollen recht aufpassen, daß wir es sehen dürfen.

Spielmann: Geht nur jetzt hinein, Kinder! Es ist noch eine Weile Zeit bis Mitternacht.

Heinz: Wenn wir aber nicht rechtzeitig aufwachen?

Spielmann: Sagt nur fromm euer Gebet, das andre kommt dann schon. Jetzt aber geht, seht, dort fallen die ersten Sterne herab. Das werden Weihnachtsengel, wenn sie die Erde berühren, und diese gehen von Tür zu Tür und machen ein Zeichen an jedes Haus, in welches das Christkind einkehren soll. Aber belauschen darf man sie nicht, sonst fliegen sie gleich wieder fort.

Heinz: O Christkindlein, komm!

Liese: O schick' du uns das Christkindlein, wenn du ihm begegnest, guter Spielmann!

Spielmann: Das will ich schon tun. Aber jetzt geht und schlaft, auch ich muß weiterziehen und irgendwo Obdach suchen. (*Die Kinder geben dem Spielmann stumm die Hand und gehen ins Haus. Bevor sie noch darin sind, singt er das Lied*):

Auch in der Hütte blüht das Glück. –

Liese (*bleibt erstaunt stehen*): Horch! Das Lied der Mutter! (*Beide ab ins Haus.*)

3. Szene.

Der Spielmann allein.

Spielmann: Arme Kinder, hab' so ein seltsames Weh im Herzen gespürt, als ich das kleine Mädchen sah. Gerade so groß und lieb mag auch jetzt mein Lieschen sein. Hab' schier das Gefühl, ich wäre hier daheim bei meinen Lieben. So still und friedlich fühlt sich's hier. Aber ich muß weiter wandern zu meinem Heimatdorf – noch viele Meilen – und wie werd' ich sie finden – Weib und Kind gesund und meiner wartend? Hab' schon so lange keine Kunde mehr von ihnen, so lange schon, denn unstet wie Kain zog ich über die Erde, dem Glücke nach, aber ich fand es nicht, und mit leeren Händen kehr' ich heim. (*Greift in die Tasche.*) Grad ein paar rote Heller hab' ich noch. (*Geht zum Schneemann hin, legt ihm die Heller in die Hand.*) Da, guter Schneemann, laß dies die Kleinen morgen finden! (*Er geht dem Ausgang zu.*) Fort muß ich! – was bleib' ich denn nur immer wieder stehen? So ein tiefes Heimweh wühlt in meinem Herzen. Kann mich nicht losreißen von diesem Fleck. Das Häuschen hält mich mit Geisterhänden fest. Mein Weib und Kind denken eben vielleicht an mich. – Aber weiterwandern, weiter muß ich – und bin doch so müd. Todmüd. (*Er setzt sich auf die Bank, sinnt eine Weile vor sich hin und fängt dann leise an zu singen:*)

O Komm, du holdes Christkindlein,
Zu Betlehem geboren.
Hast einen kalten Hirtenstall
Zum Wohnzelt dir erkoren.
– Du schläfst – auf hartem – kaltem Holz –
– Hu! Wie mich's friert! –
O komm, du holdes Christkindlein,
– Zu Betlehem geboren.– – –

(*Er ist eingeschlafen. In der Ferne hört man, wie von hellen Engelstimmen gesungen, dieselbe Melodie weiterklingen. Ein Stern fällt vom Himmel und mitten vor das Häuschen. Wenn er auf den Boden auffällt, verwandelt er sich in einen Weihnachtsengel.*)

4. Szene.

Der Weihnachtsengel.

Weihnachtsengel (*mit geheimnisvoller Stimme*): Die Menschen schlafen! Aus Wolkenhöhe schwebt Gottes Liebe zur Erde nieder! Ihr Tiere, die ihr lebend seid, doch ewig stumm, erwacht und redet! Ihr Dinge, die ihr tot erscheint, erwacht und lebt! Ihr aber, die ihr Menschen seid, erschauert froh im Glück der Liebe! Gottgesandt, mach' ich das Flammenzeichen hier übers Tor! Hier kehrt das Christkind ein mit seinem Segen. Und du, Schneemann, komm herab und lebe und sei bereit, dein Liebeswerk zu tun. Denn leben heißt lieben. Führe diese Kinder den Weg zum Glück – aber es finden müssen sie selbst.

(*Von der Dorfkirche fängt es an Mitternacht zu schlagen. Der Engel verstummt und horcht einen Augenblick auf die Töne, kniet dann in der*

Mitte nieder und streckt betend seine Arme aus. Während er die Verse sagt, müssen die zwölf Schläge verklungen sein. Er betet:)

Mitternacht – die Stunde schlägt,
Wenn sich Tier und Felsen regt.
Christkind, heilige Liebesmacht,
Segne in der Weihenacht
Menschen, Dinge und Getier.
Segne, segne für und für.

(*Der letzte Glockenschlag ist verhallt, ein vielstimmiger Gesang mit Glockengeläute und Orgelbegleitung ertönt. Der Weihnachtsengel verschwindet. Der Schneemann wird lebendig, steigt von seinem Hügel herab, und Nero, der Kettenhund, springt aus seiner Hütte. Die vordere Wand des Häuschens ist verschwunden, so daß man die Mutter und die Kinder in ihren Betten schlafen sieht. Gesang der Engel in der Ferne: "Auch in der Hütte blüht das Glück" usw.*)

Heinz (*erwacht*): Liese, Liese, Hör' doch!

Liese: Was ist denn, Heinz?

Heinz: Sieh nur, unser Schneemann ist lebendig geworden.

Liese (*richtet sich auf*): Ja, wirklich – er stapft durch den Schnee – träumen wir denn? (*Sie reibt sich die Augen.*)

Heinz: Schau nur, er kommt zu uns, ich fürchte mich so, Liese. (*Steckt den Kopf unter die Decke.*)

Schneemann (*hereinkommend*): Fürchtet euch nicht, liebe Kinder – ich tue euch nichts zuleid.

Liese: Ist das nicht ein Traum – bist du wirklich lebendig?

Schneemann: Habt ihr denn vergessen, daß heute Christnacht ist? Da bekommen alle Dinge Leben, und alles Stumme redet.

Heinz: Ach ja – der Spielmann sagt' es schon – aber ich glaubte es nicht.

Schneemann: Nun ist es doch wahr – aber eilt euch. Kinder, kommt heraus mit mir, ich will euch die Wunder der Christnacht zeigen.

Liese: Wohin willst du uns führen?

Schneemann: In den Wald, da ist es in der Christnacht gar wundervoll und schön.

Liese: In den Wald – hu, da ist's dunkel und kalt.

Schneemann: Kommt nur mit – ihr werdet schon sehen – heute Nacht ist's hell und warm. Aber eilt euch – wir haben nur eine Stunde Zeit, dann ist die Herrlichkeit vorbei.

Liese (*aufstehend*): Komm Heinz – steh auf.

Heinz: Ach, es ist so kalt im Zimmer – im Bett ist's schöner, ich mag nicht mit.

Schneemann: Da soll es gleich warm sein hier – eins, zwei, drei. (*Er bückt sich, nimmt eine Hand voll Schnee, macht einen Ball daraus und wirft ihn an den Ofen, in dem sofort ein helles Feuer aufprasselt.*)

Heinz (*lachend*): Ei, das ist fein. (*Er springt aus dem Bett.*)

Schneemann: Nun aber schnell – macht euch fertig.

(*Die Kinder nehmen schnell Mützen und Schuhe an.*)

Liese (*lauscht nach der im Schlafe stöhnenden Mutter hin*): Können wir Mütterlein allein lassen? Sie stöhnt und seufzt so schwer.

Schneemann (*legt der Mutter etwas Schnee auf das Herz*): Nun wird sie gut schlafen, bis wir wiederkommen.

(*Der Schneemann und die Kinder gehen hinaus über den Hof. Aus seiner Hütte kommt der Hund Nero, erst bellend, dann sprechend, heraus.*)

Nero: Wohin geht ihr? Nehmt mich mit.

Kinder: Aber was ist denn das? Der Nero – unser Nero spricht?

Nero: Ja, heut' einmal – im ganzen Jahr einmal, dürfen wir auch sagen, was wir fühlen.

Schneemann: Und alle Tiere rufen heute den Menschen zu: seid gut zu uns, seid gut zu uns und quält uns nicht, wir fühlen Freud' und Schmerz wie ihr.

Nero: Ja, das sagen sie wohl alle – aber ihr seid immer gut zu mir gewesen, ich danke euch.

Schneemann: Kommt, kommt, die Zeit vergeht.

Heinz: Darf der Nero mit?

Schneemann: Freilich, freilich. (*Die Kinder hängen sich rechts und links an seinen Arm, nach ein paar Schritten bleiben sie stehen und lachen laut auf.*)

Heinz: Nein, du siehst zu komisch aus.

Liese: Die Mütze sitzt ganz schief auf deinem Kopf.

Schneemann: Ja, so habt ihr mich gemacht! Hättet ihr mich doch schöner aufgebaut.

Liese: Unsre Hände waren ganz steif und blau vor Kälte.

Heinz: Hei, wie lustig ist das! Unser Schneemann lebt, und der Nero spricht. (*Die beiden umtanzen den Schneemann, und der Hund springt mit.*)

Nero: Wohin geht ihr denn – wohin geht ihr denn?

Schneemann: In den Wald zur Christnachtfreude, da wartet das Glück auf euch – horcht, die Weihnachtsglocken läuten, kommt, kommt – es ist höchste Zeit! Wenn der Hahn kräht, muß ich wieder an meinem Platze sein.

(*Man hört Glockengeläute und ganz fernen, leisen Gesang.*)

Der Vorhang fällt.

2. Akt.
Szene: Weiter Wald. Alles blüht und grünt. Ein helles, aber geheimnisvolles Licht ist umher. Vögel singen. Allerlei Tiere lagern im Grase. Wichtelmännlein gehen mit Futterkörben umher und füttern die Tiere und spielen mit ihnen. Glocken läuten. es schlägt Mitternacht.

1. Szene.

Es treten der Reihe nach auf: 1. Frühling, 2. Sommer, 3. Herbst, 4. Winter. Jede dieser Figuren ist von einem Chor begleitet. Im Chor des Frühlings befindet sich der Nikolaus (oder der Weihnachtsmann, auch Knecht Rupprecht, je nach der Gegend, wo das Stück gespielt wird), in dem des Winters erscheinen die bekanntesten Märchengestalten, darunter der "schwarze Mann", "Hans im Glück" u. a.

Nikolaus: Hört – hört! – Die Dorfglocke hat geschlagen! Mitternacht schlägt sie.

(*Blumengestalten kommen erst einzeln, dann in großer Zahl.*)

Schneeglöckchen: Lag tief noch als Keim unterm Schnee und ei, welch feines Kleid ich auf einmal anhabe! Kling, kling – kling, kling lauten meine Glöckchen! Und die Blätter flattern fröhlich im Wind!

Blumenchor (*durcheinander*): Ihr Blümlein alle, heida, schon aufgewacht? Noch gestern lag der Schnee auf der Flur.

Glockenblume: Auch schon da, Vetter Rittersporn?

Rittersporn: Was ist das für ein tolles Treiben. Base Glockenblume, 's ist doch noch der Frühling nicht da? Oder hätt' ich verschlafen?

Nikolaus: Schaut, dort kommt er schon daher, der fröhliche Lenz, der euch alle geweckt.

Chor des Frühlings:

Heil, der du dies Erde beglückt,
Heil, willkommen, du junger Held!

Den Winter, der herrisch die Erde bedrückt,
Hat siegreich dein Schwert gefällt.

Schneeglocke: Schaut nur dort, welch ein Getümmel; und seht, kaum ist der Lenz erschienen, rückt auch schon der Sommer an mit seinen Scharen.

Rose: Und dort, der Herbst!

Chor des Frühlings:

Heil dir, Frühling! – Heil!
Der du den Reim in die Erde gelegt.

Chor des Sommers:

Heil dir, Sommer,
Der du den Samen lässest sprießen
Und reifest das goldene Korn!

Chor des Herbstes:

Mit tausendfältiger Frucht gesegnest du die Erde
Und reichst im vollen Becher
Das Blut der Reben, den goldenen Wein.

Rittersporn: Hei, welch kunterbuntes Durcheinander! Frühling, Sommer, Herbst. – Sonst waren's Feinde! Trieb einer den andern aus dem Lande, und heute sind sie so einträchtig beisammen.

Rose: Mich friert es plötzlich.

Schneeglocke: Es pfeift ein kalter Wind auf einmal her.

Rose: Der Winter kommt – seht, der schlimme Schelm!

Rittersporn: Auch der Geselle kommt?

Schneeglocke: Komm, Base, laß uns fliehen!

Mehrere Blumen: Hu, hu, wie kalt!

(*Sie wollen fortlaufen.*)

Nikolaus: Halt! Bleibt und hört!

Winter: Donner und Doria! Die Hälfte meiner Bande ist mir entwischt! Wo ist denn das Schneewittchen? Nur die sieben Zwerge sind noch da, und auch das Rotkäppchen fehlt und das Dornröschen auch? Wo ist das lose Volk nur hin?

Nikolaus: Nur nicht so böse gleich, lieber alter Herr! Ich habe große Heerschau gehalten unter deinem Märchenvolk und dir allerlei weggeholt. Einige habe ich fortgeschickt, die braven Kinder zu erfreuen, andre, die bösen zu schrecken und zu strafen. Nur ein paar habe ich dir gelassen, damit sie dich hierher begleiten. Schau, auch die andern hohen Herren, Herbst und Sommer, haben nicht alle ihre Trabanten dabei. Viel Vögel und Getier ist fort, weit über Tal und Berg, dem Christkind entgegen. Ihr aber, ihr stummen Blumen, dürft heute schon zum Leben erwachen und dürft denken und sprechen nach Menschenart, denn heute ist die heilige Nacht, wo das Christkind zur Erde kommt und Wunder wirkt überall. Es kommt auch zu euch, um euch zu segnen für ein neues Jahr.

Herbst: Kommt es bald?

Frühling: Schon schlug die Glocke Mitternacht!

Nikolaus: Den ganzen Weltenraum durchzieht es heute, um alle Wesen zu beglücken. Ehe diese Stunde noch vorüber, ist es auch hier bei uns. Doch hört, ich bin sein Bote, Grüße sendet es euch durch mich und eine Botschaft. In jedem Orte wirkt das Christkind in dieser Nacht ein leises feines Wunder – überall wählt es von guten Kindern solche aus, die tief in Not um seine Hilfe beten. Ihr sollt ihm dienstbar sein zu diesem Werke – wollt ihr?

Die Gestalten (*verneigen sich tief gegen die Erde*): Wir wollen alle.

Nikolaus: So hat der Weihnachtsengel mir die Botschaft aufgetragen: Einen Schneemann sendet er mit zwei Kindern her. Und diese Kinder sollen hier, wie üblich in der Weihnacht, sich Herz und Sinn erprüfen lassen, ob es sich klug und gut bewährt.

Frühling: Seht, dort kommt er schon, ein lieblich Mädchen führt er und einen mutigen Knaben.

Herbst: Ihr Märchenwesen und ihr Blumenkinder, schnell hin zu ihnen, nehmt sie zum Reigen in eure Mitte, bis wir hier die Art ersonnen haben, in der wir ihre kleinen Herzen prüfen wollen.

Einige Märchengestalten: Kommt zu den Kleinen!

Blumengeister: Kommt, kommt!

(*Sie nehmen die Kinder freundlich in ihre Mitte und tanzen, einen Reigen singend, mit ihnen umher, indes der Schneemann zu den andern geht:*)

Christnacht – heilige Nacht,
Da wird euch ein Glück erdacht,
Dürft euch selig darauf freun,
Wenn ihr gut seid, klug und rein!

(*Die Jahreszeiten, Nikolaus und Schneemann stellen sich in einem Halbkreis auf und beraten. In ihr Sprechen hinein hört man bald leiser, bald lauter den Gesang der tanzenden Kinder, die sich allmählich in den Hintergrund verlieren.*)

2. Szene.

Vorige, der Schneemann.

Schneemann: Hier bringe ich euch zwei brave Kinder, sie haben mich mit ihren Händen aufgebaut, und so kann ich mich in der heiligen Wundernacht einmal des Lebens freun. Zum Dank dafür möchte ich ihnen gern etwas Gutes tun – Der Weihnachtsengel wies mich mit ihnen zu euch her, denn sie bedürfen sehr der Hilfe in ihrer Not. Krank ist die Mutter und sehr arm – der Vater weit von ihnen fort.

Winter: Ja, Gutes soll ihnen schon werden, doch nach guter alter Sitte stellen wir der Fragen drei, und was sie darauf tun, zeigt uns ihr Herz.

Schneemann: Nun wohl, so prüft sie, doch nicht allzu schwer, daß glücklich sie von dannen gehen.

Nikolaus: Und wer ist Richter über ihre Tugend?

Frühling: Laßt mir die Kleinen. Wie's den jungen Herzen ziemt, stell' ich die Fragen, nicht allzu leicht, nicht allzu schwer, wie's für die Kleinen paßlich ist.

Sommer: Ich stimme bei.

Schneemann: Ich auch, ich auch.

Herbst: Mit nichten, nein, denn allzu jung bist du, Herr Lenz, als daß du richtig richten könntest.

Winter: Dem Greise, mir gehört dies Ehrenamt, nur er hat die Erfahrung, die das Leben lehrt.

Schneemann: Kein Streit, ich bitt' euch, hier zu dieser Stunde. Die Kinder sind gar gut und werden leicht bestehn.

Winter:

Das wird sich zeigen -
Ich bin wohl erfahren,
Fein ist mein Sinn,
Mein Haupt ist alt an Jahren.

Hört und merkt auf –
Fein, kraus und leicht
Und doch auch schwer,
Bring' ich drei Fragen
Euch nun her.

Schneemann: Ich bitte nochmals, macht es gut mit ihnen.

Winter: Du, Frühling, her mit deinen Gaben, gib Blumen her und auch den Samen. Von beiden eines sollen nun die Kinder wählen.

Frühling: Wär' ich ein Kind, ich würd' die Blumen nehmen.

Winter: Ja freilich, freilich, da zeigt's sich schon, daß du zum Richter gar nicht taugst. Blumen sind nur eitle Lust, man freut sich dran und wirft sie fort. Das kluge Kind wird gern mit Mühe sich selbst die Früchte sammeln, zu welchen den Samen es auch selbst gesät. – Es wählt den Samen.

Schneemann: Ei, Winter, streng seid ihr fürwahr und kennt nicht mehr der Kinder leichten Sinn.

Winter: Es ist gesagt. Wenn sie die Blumen greifen, ist ihre erste Aufgabe vertan.

So will ich es,
Denn ich bin alt an Jahren,
Mein Sinn ist fein.
Am Leben lang erfahren.

(*Es schlägt ¼ auf eins.*)

Nikolaus: Die Glocke schlägt, es drängt die Zeit.

Winter: Nun weiter zu der zweiten Frage und der dritten. – Du, Herr Sommer, nimm nun die Ähren und das Brot. Und du, Herbst, zeige ihnen diese Reben, die noch blühn, daneben auch den goldenen Wein, der schon im Becher funkelt. Die Rebe und die Ähre brauchen die fleißige Hand, die willig ist zur Arbeit und Geduld. Brot und Wein sind leicht zu nehmen, auch von müßigen Händen. – Ihr versteht?

Schneemann: Und wieder sage ich: Seid gut mit ihnen. Und wählen sie dann Brot und Wein, wer kann's ihnen wohl verübeln, laßt sie es nicht zu schwer entgelten.

Winter: Und wählen sie nicht nach dem tieferen Sinn, so ist ihr Spiel verloren. – Dort steht der schwarze Mann, der kann sie dann nach Hause bringen ohn' Erbarmen.

Frühling: Nein, wahrlich, das wäre doch nicht wohl getan.

Winter: Daß ich den Kleinen wohl will, trotz meiner Strenge, erkennt daran, daß einen Helfer ich ihnen zugeselle. (*Nach der zurückkehrenden tanzenden Schar gewendet.*) Komm her, du Hans im Glück, he du!

(*Hans im Glück löst sich aus dem Reigen, kommt gelaufen; er ist wild und ungeschlacht.*)

Sommer: Hans, der tolle Hans, wie kann der Helfer sein?

Winter: Die Kinder kennen sein Geschick und sollen sich erinnern, daß das, was leicht ist, nicht immer auch das Beste ist.

Hans im Glück (*halb traurig, halb lustig*): Ja, ja, faul war ich immer, alles war mir zu schwer, und so hatte ich zuletzt gar nichts mehr. – Hei, dideldei – ich warne jeden, es zu machen wie ich! (*Dreht sich lustig auf seinem Absatz herum.*)

(*Es schlägt ½1 Uhr.*)

Nikolaus: Horcht, es schlägt, es ist höchste Zeit.

Winter: Ruft die Kinder herbei.

Frühling: Oh, daß sie glücklich wählen möchten!

Sommer: Ihr Schutzgeist wird die Kleinen segnen.

(*Die Kinder kommen, vom Schneemann und Hans im Glück geführt, näher.*)

Schneemann: Kommt nur heran, der Augenblick ist da, wo euer Herz geprüft soll werden.

Frühling (*in der einen Hand die Blumen, in der andern den Samen*): Seht her! Die Blumen blühn zu unsrer Freude – der Samen aber fordert Fleiß, bis er uns seine Frucht gibt. Was werdet ihr wohl wählen?

Hans im Glück (*lustig die Kinder umtanzend*): Gebt acht – ihr kennt mich doch – ich bin der faule Hans, der faule Hans!

Schneemann: Gebt acht auf eures Herzens Stimme, der folgt!

Winter: Nun wählt und nehmt!

Liese: Die Blumen bitten wir – nicht wahr, du Heinz?

Heinz: Die Blumen, ja die Blumen.

Chor des Frühlings: Da seht die Kleinen, so wie wir's vorausgesagt, so tun sie.

Chor des Winters: O weh, sie wählten falsch, nach unserm Sinne falsch.

Frühling (*zum Schneemann*): Hilf du den armen Kleinen!

Schneemann: Fast möcht ich mit euch klagen, doch glaube ich, daß ihr Herz schon weiß, warum sie so getan.

Winter: Nun weiter!

Sommer (*mit Ähren und Brot in den Händen*): Schaut her, dies Brot, gar goldig braun ist es, schmeckt gut und lieblich – doch viel der Arbeit brauchen diese Ähren, eh' sie zu Brot und Nahrung werden. Was denkt ihr nun, was wollt ihr wählen?

Hans im Glück: Laßt euch sagen, laßt euch sagen, denket nach, bevor ihr wählt!

Heinz und Liese (*fast gleichzeitig*): Das Brot, gebt uns das Brot!

Die Gestalten (*wenden sich traurig ab*): O weh, o weh!

Schneemann: Zum Christkind heb' ich meine Hände jetzt und flehe für der Kinder Glück.

(*Heinz greift nach dem Brot und will davon essen. Liese nimmt es ihm fort: sie flüstern zusammen.*)

Winter: Und nun noch einmal dürft ihr wählen. Komm, Herbst, heran mit deinen Gaben!

Herbst (*mit Reben und einem Becher Wein in den Händen*): Seht her ihr Kinder, hier die blühenden Reben, viel Arbeit und viel Mühe braucht es, bis der goldene Wein wie hier im Becher glänzt, der eine Labsal ist für kranke, schwache Leute, was nehmt ihr wohl von diesen beiden Gaben?

(*Die Kinder sind ganz verschüchtert.*)

Heinz: Ich fürchte mich.

Liese: O Christkind, komm und steh uns bei.

Einige der Märchengestalten: Wie ratlos stehen sie und sind voll Zweifel.

Schneemann:

O ewige Liebesnacht,
Heut' in der Weihenacht,
Habt doch mit diesen Armen
Ein gut Erbarmen!

Herbst: Das letztemal, laßt sehn, wie ihr besteht!

Winter: Gebt acht und wählt.

(*Man hört von ferne das Spiel des Leiermanns anklingen: "Und in der Hütte wohnt das Glück".*)

Heinz (*zu Liese*): Horch, das Lied der Mutter!

Liese: Des Spielmanns Lied.

Winter: Die Zeit verrinnt, sprecht euren Spruch!

Hans im Glück:

Was schwer ist, soll man tragen,
Was schwer ist, soll man tun.
Bös hat man's zu beklagen,
will man zu frühe ruhn.

Liese: Den Wein, (*schüchtern*) den Wein.

Heinz (*auch schüchtern*): Den Wein, gib uns den Wein!

Chor des Herbstes: O weh, o weh! Sie haben sich um das Glück gebracht.

Winter: Ihr habt vertan, so müßt ihr denn nun wieder heimwärts wandern, mit leeren Händen kehrt ihr nun zurück. (*Zu seinen Gesellen gewendet.*) Führt sie hinweg!

Schneemann: Halt ein! (*Tiefe Stille, es schlägt ¾1 Uhr.*) Ihr tatet eure Pflicht, und scheinbar haben die Kleinen nun das Unrechte getan. Doch schautet ihr noch nicht in ihre Herzen, dazu bedarf es eines tieferen Blickes. Das Christkind kann allein hier noch das letzte Wörtchen sprechen. – Christkind, ich rufe dich!

Frühling, Sommer und Herbst: Christkind, wir rufen dich!

(*Im Hintergrund erscheint, wie aus dem Himmel steigend, das Christ-Kind. Alle neigen sich tief vor ihm. Der Schneemann führt die Kinder zu ihm hin, es ist von Engeln, Tieren und Blumen begleitet, von leiser Musik umtönt.*)

Schneemann: Frag' du sie nun, du Geist der Liebe, damit sie ihre Herzen offenbaren! – Der Richter sagt, sie wählten schlecht, und all das Glück, das sie so sehnlich hofften, soll ihnen doch nun nimmermehr gehören.

Christkind (*sich gütig zu den Kindern neigend*): Zeigt her, ihr Kleinen, was wählt ihr von den gebotenen Gaben?

(*Die Kinder zeigen ihm die Sachen.*)

Christkind: Die Blumen – das Brot – und auch den Wein, ei, ei! So habt ihr's euch gar leicht gemacht? – Doch aber sagt mir nun, was fühltet ihr dabei, als ihr all diese guten Gaben nahmt, die gar so leicht zu wählen waren?

Heinz: Ich dachte an unser Mütterlein, das gar so krank ist.

Liese (*einfallend*): Und so arm. Da freuten wir uns, ihr Brot und Wein zu bringen zur Nahrung und zur Stärkung.

Heinz: Und die Blumen mag sie gar so gern, und jetzt im Winter gibt es bei uns keine.

Christkind (*die Kinder liebevoll in seine Arme nehmend*): Nun sagt mir noch eins: Ihr sollt so ganz von Herzen für euch selbst nun etwas wünschen dürfen. Denkt einmal nach, was sollte das wohl sein.

(*Liese und Heinz besinnen sich.*)

Christkind: Nun sagt es offen mir heraus, was ihr euch wünscht. – Was es auch sei, ich will's euch geben.

(*Hier können allerlei den Kindern verlockende Dinge erscheinen.*)

Liese: Ach, liebes Christkind, unser Mütterchen mach uns gesund.

Heinz: Ja, unser Mütterchen mach' uns gesund, dann ist ja alles gut und froh.

Christkind (*küßt die Kinder, richtet sich auf und sieht im Kreise umher*): Habt ihr nun die Stimme dieser Kinderherzen gehört? Nur an ihr Mütterlein denkt stets ihr gutes frommes Herz. Konnt' da wohl etwas Schlimmes sein bei ihrem Tun und Wählen?

Viele rufen: Nein, nein, sie wählten wohl.

Christkind (*zum Winter*): Was sagst du nun, bist du zufrieden?

Winter: Wohl, wohl, was du auch tust, ist wohlgetan.

Christkind (*zu den Kindern*): So segne ich euch denn die Gaben, die ihr aus Liebe wähltet. Tragt sie nun zu eurer Heimat Tür und legt sie eurem Mütterlein in ihre guten Hände.

Chöre (*singen*):

Heil, heil, die Liebe siegt,
Die Liebe ist das größte hier aus Erden.
Nur der zu lieben weiß,
Rann glücklich werden.

(*Die Kinder neigen sich vor dem Christkinde. Der Schneemann kommt herbei, nimmt sie an die Hand und führt sie weg.*)

Der Vorhang fällt langsam.

3. Akt.
Szene wie am Schluß des 1. Aktes. Von der Hütte ist noch die Wand fort.

1. Szene.

Man hört von ferne den Chor der Engel wie am Schlusse des 2. Aktes.

Spielmann und Mutter (*erwachen und singen leise mit*):

Und in der Hütte wohnt das Glück,
wenn dort die Liebe wohnet!

(*Der Gesang verklingt in weiter Ferne.*)

Spielmann: Lau und warm ist der Wind, als wär' es schon Mai, und doch liegt allerwegen der Schnee! Wohl einen schönen Traum hatte ich: ich war daheim bei Weib und Kind.

Mutter: O mir ist so eigen zu Mut, als ob alles Weh von mir genommen wäre, als könne ich nun wieder stark, gesund werden. Auch träumte ich gar so wundervoll von ihm, meinem Liebsten, dem Vater meiner Kinder.

Spielmann: Wie ist mir denn? Wohin doch ist die Wand entschwunden, die dort das Stüblein den Blicken verbarg? – Dort liegt das kranke Weib und sieht mich ganz erschreckt an, als ob sie einen Geist erblickt.

Mutter: Bin ich denn noch im Traum? Gar wunderlich dünkt mich alles umher.

Spielmann: Mit aller Gewalt zieht mich's hin zu ihr, als wär' es mein Weib, doch ist mir seltsam wie im Rausch und kann sie nicht erkennen. (*Er nähert sich ihr.*) Arme Frau, Ihr seid recht krank! Eure Kinder haben mir's erzählt.

Mutter: Meine Kinder? Mein Gott, wo sind sie? Ihr Lager ist leer und draußen ist's Nacht!

2. Szene.

Die Kinder kommen mit dem Schneemann.

Liese: Hier sind wir, Mutter!

Heinz: O wie schön war's beim Christkind!

Mutter: Kinder! Mein Gott, der Schneemann! Er läuft und lebt – was sind das doch für Wunder heute Nacht!

Spielmann: Ist's ein Traum, oder ist das Märchen wahr geworden?

Schneemann: Was staunt ihr so? Ihr kennt ja doch alle die alte Sage, daß in der Christnacht alles lebendig wird umher. Du, Spielmann, hast's ja selbst den Kindern heut' erzählt! – Da, nimm deine armen Groschen wieder, guter Mann, die du mir in die Hand gelegt für diese Armen.

Spielmann: Für diese armen Kleinen und das kranke Weib hab' ich sie dir doch gegeben.

Schneemann: Nimm sie nur wieder und sei nicht bös' darob. Warte nur, was du jetzt noch alles hören und schauen wirst, Auch du sollst nicht umsonst und unbelohnt mitleidig gewesen sein mit diesen da!

Mutter: Nun, Kinder, erzählt, wo wart ihr denn? Ich bin sehr erschrocken, als ich eure Betten leer fand beim Erwachen.

Liese: O Mutter, war das schön!

Heinz: O Mutter, war das herrlich!

Mutter: Wo und was war denn so schön. Erzählt – erzählt!

Liese: Beim Christkind im Wald waren wir – im Christnachtwald.

Heinz: Alle Märchen waren dort und der Frühling und der Sommer und der Herbst und auch der strenge Winter.

Liese: Sie stellten uns Fragen und gaben uns Dinge, von denen wir wählen sollten.

Heinz: Ach, beinahe hätten wir falsch geraten.

Liese: Aber wir dachten nur an dich, und da war doch zuletzt alles gut.

Heinz: Der Winter war gar streng.

Liese: Doch unser Schneemann rettete uns vor ihm und rief das Christkind, und es kam gar lieb zu uns und segnete unsre Gaben, die wir dir bringen.

Mutter (*wird blaß und schauert zusammen*): Mich friert – mir ist so schwach.

Heinz, Liese: O Mütterlein! Du bist gewiß ganz hungrig! Werd' wieder gesund! Da nimm dies Brot!

(*Mutter ißt.*)

Mutter: O wie ist mir plötzlich wohl! (*steht langsam auf.*) O Kinder, das Christkind hat euer Beten erhört. (*Sie geht umher und wird zusehends kräftig und wohl.*)

Kinder: Schneemann, Schneemann, sieh nur, die Mutter ist ganz gesund!

Mutter: Ja gesund – ihr guten Kinder habt's mir erbetet – habt Dank, habt Dank.

Schneemann (*nimmt die Mutter am Arm*): Kommt, liebe Frau, noch mehr der Freude gibt's in der Christnacht da seht her! (*führt sie zum Tisch.*)

Liese: Das Brot gab uns der Sommer.

Heinz: Bist du noch hungrig, Mütterlein?

Mutter: Oh, ihr doch auch, ihr armen Kinder, Ach, daß ich nur wieder gesund bin – Tag und Nacht will ich für euch schaffen, daß ihr nie mehr zu hungern braucht!

Schneemann: Und dieses Brot ist von ganz eigner Art! Es kommt vom Christkind!

Mutter: Komm, Spielmann, komm her zu uns! Was sitzt Ihr so traurig dort allein! Ihr habt teilgenommen an unserm Leid, nehmt doppelt teil an unsrer Freude. Ihr habt doch auch wohl Hunger? Kommt, eßt mit uns!

Spielmann: O Weihnacht – selige Weihnachtszeit. (*Tritt zu ihnen.*)

Mutter: Glückliche Weihnacht! Auch für Euch! Ihr habt wohl schon seligere Feste gefeiert?

Spielmann: Einst ja, mit Weib und Kind, (*wendet sich ab und weint.*)

Mutter: Und alles habt Ihr verloren? O weh! Auch wir verloren unsern Vater. Er zog fort in die Fremde, um uns Brot zu schaffen – aber er kam nicht wieder.

Schneemann: Trauert nicht! Eßt von dem gesegneten Brot! Trinkt von dem Wein.

(*Sie essen alle und trinken Wein.*)

Mutter (*plötzlich*): Wie ist mir nur? Mir ist, als erwachte ich aus einem langen Schlaf!

Spielmann: Was soll das bedeuten?

(*Der Schneemann hat den Leierkasten ergriffen und spielt die Melodie*:

Und in der Hütte wohnt das Glück,
wenn dort die Liebe wohnet
Und in der kalten, armen Kripp
wie auf güldnem Stuhle thronet.)

Kinder: Horcht, das Lied der Mutter!

(*Mutter und Spielmann haben sich während des Liedes unverwandt angeschaut, wie mechanisch hat die Mutter das Brot gebrochen und dem Spielmann gereicht, auch den Wein.*)

Spielmann: Auch mir wird seltsam (*sieht sich um*) – bin wie verzaubert – wie bekannt ist mir doch plötzlich alles – du – du bist ja die lang Gesuchte – du bist mein Weib – Maria –

Mutter: Ja, ja, ich bin's! – Kinder seht her – da ist der Vater, den wir so lange, so sehnlich hergewünscht haben.

Kinder: Unser Vater?

Heinz: Ist er denn nicht tot gewesen?

Schneemann: Geht, geht und schmückt den Heimgekehrten und die Mutter mit den Blumen, die euch das Christkind gab!

Spielmann: Liese, mein liebes Liesel!

Mutter: Und hier, schau da den Heinz! Du warst schon fort, da hat der Himmel uns noch das liebe Kind geschenkt.

Spielmann: Liebes Buberl, du mein Kind! Komm her, laß dich umarmen!

Liese: Komm Mutter, sieh, mit diesem Kranz will ich dich schmücken.

Schneemann: Wie glücklich seid ihr nun – ja, Leid wird den Menschen, aber auch große Freude wird ihnen zuteil.

Spielmann: Hab' keinen Reichtum mitgebracht aus der Ferne, schwer ist's mir ergangen. Traurig bin ich, daß ich mit leeren Händen zu euch komme.

Mutter: Ach, nun ist alles gut, da wir wieder zusammen sind.

Spielmann: Sieh her! Nur die armen roten Heller hab' ich noch für euch!

Mutter: Rote Heller – ei sieh, Gold ist's – Gold!

Spielmann: Bei Gott, Goldstücke! Welch Wunder bringt uns doch die heilige Nacht! Und schau – dein Kranz – wie leuchtet er – aus Edelsteinen ist er gewunden. Und all' die Blumen sind plötzlich Gold geworden, und ihre Blätter Edelgestein!

Mutter: O Kinder, Kinder! Welch ein Glück bringt ihr in unsre Hütte! Erzählt uns wieder, wie alles kam.

Liese: Ja, weißt du, Mutter, der Schneemann, der gute Schneemann nahm uns in Schutz vor dem strengen Winter und –

Alle: Der Schneemann, wo ist er nur? War eben doch noch da –

(*Es schlägt viermal Viertel, dann 2 Uhr.*)

(*Der Schneemann ist zurückgegangen an seinen Platz, der Hund kommt über die Bühne gesprungen und läuft in seine Hütte. Die vordere Wand des*

Häuschens erscheint wieder und entrückt Mutter, Spielmann und die Kinder den Augen der Zuschauer.)

Kinder (*aus dem Fenster rufend*): Schneemann, Schneemann!

Schneemann: Ach, ihr da drinnen dürft weiterleben, ihr Glücklichen – für mich war's nur eine kurze Stunde des Glücks. Horcht, der Hahn kräht! (*Zu den Kindern am Fenster.*) Vorbei, vorbei – lebt wohl – bleibt brav und gut.

Kinder: Wir danken dir, du guter Schneemann!

(*Der Schneemann wird plötzlich starr und steif wie im 1. Akte anfangs. Von ferne hört man den Nachtwächter 2 Uhr blasen) :*

Ihr Leute, laßt euch sagen,
Die Glocke, die hat Zwei geschlagen.

Der Nachtwächter geht über die Bühne und schaut nach alten Seiten, dann geht er nach der andern Seite ab, noch zweimal hört man seinen immer mehr sich entfernenden Ruf. Der Hund bellt aus der Hütte in die blaue Winternacht, des Nachtwächters Ruf verhallt in der Ferne, ein Hahn kräht.

Vorhang fällt.